www.ingramcontent.com/pod-product-compliance
Lightning Source LLC
LaVergne TN
LVHW050347160826
845677LV00014B/3834

* 9 7 8 9 9 4 8 8 4 6 6 0 4 *

مركز تريندز للبحوث والاستشارات
TRENDS RESEARCH & ADVISORY

المنظمات الإسلامية في أمريكا
تحولات الهوية والعقيدة والسياسة

د. نصر محمد عارف
أستاذ العلوم السياسية - جامعة القاهرة

اتجاهات حول الإسلام السياسي (8)

أكتوبر 2021

الآراء الواردة في هذه الدراسة لا تعبّر بالضرورة

عن مركز تريندز للبحوث والاستشارات

الطبعة الأولى 2021

Order No.: MC-02-01- 0254840

ISBN: 978-9948-846-60 -4

@ مركز تريندز للبحوث والاستشارات

http://trendsresearch.org

نبذة عن

مركز تريندز للبحوث والاستشارات

يُعد مركز "تريندز للبحوث والاستشارات" مؤسسة بحثية مستقلة، تأسس عام 2014، ويهتم باستشراف المستقبل في جوانبه الاستراتيجية والسياسية والاقتصادية، وتتبع القضايا العالمية المختلفة. كما يهدف المركز إلى تحليل الفرص والتحديات على مختلف الصُّعُد الجيوسياسية الراهنة، وما تحمله من متغيرات محتملة، مع محاولة إيجاد إجابات وتفسيرات علمية وموضوعية من شأنها المساهمة في التأثير في اتجاهات الأحداث مع مراعاة نواحي التحليل والنقد والاستشراف.

ويقدّم المركز، من أجل تحقيق غاياته العلمية، دراسات رصينة ذات أبعاد استشرافية مستقبلية، ويطرح أفضل البدائل الممكنة لمساعدة صنّاع القرار في معرفة التطورات الإقليمية والدولية بشكل أعمق، والاستفادة مما توفره من فرص. كما يقوم المركز برصد الاتجاهات والتغييرات الاستراتيجية والاقتصادية والإقليمية والدولية، والتنبؤ بآثارها المستقبلية، وذلك وفق الضوابط العلمية المتعارف عليها دولياً لدى أعرق مراكز التفكير والبحث العلمي.

قائمة المحتويات

ملخص تنفيذي

كانت نشأة المنظمات الإسلامية في أمريكا استثنائية بصورة تعكس حقيقة وجود المسلمين فيها، وطريقة تفكيرهم، وطبيعة همومهم ومشاكلهم. ويمكن القول إن هذه المنظمات لم تحقق المأمول منها؛ في أن تكون جزءاً من المجتمع الأمريكي وقادراً على التأثير فيه، وفي عملية صنع السياسة الداخلية والخارجية بما يحقق مصالحها، ومصالح الجاليات التي تعبر عنها، وعلى العكس من ذلك تورطت معظم هذه المنظمات في صراعات سياسية في دول العالم العربي وجنوب آسيا، وكأنها إنما أنشئت لخدمة جماعات معينة في تلك الدول. وهنا يُثار سؤال "لماذا حدث هذا؟"، وهو السؤال الذي تحاول هذه الدراسة الإجابة عنه في المقام الأول .

وكمخرج لهذه المشكلة، ترى الدراسة ضرورة توطين هذه المنظمات، بمعنى أن تكون أمريكية خالصة تخدم المسلمين الأمريكيين وتحافظ على قيمهم ودينهم في السياق الاجتماعي الأمريكي، بصورة تنتج نسخة إسلامية أمريكية، وذلك عن طريق توافر شرطين أساسيين: الأول؛ وجود قيادات مسلمة أمريكية، نشأت في المجتمع الأمريكي ولا علاقة لها بالارتباطات الخارجية، وليست مرتبطة بجماعات سياسية؛ لأن أكثر ما يعيق عمل المنظمات الإسلامية في أمريكا هو محاولة توظيف دورها في أمريكا لمصلحة جماعات سياسية تخوض صراعاً سياسياً في دول أخرى. والشرط الثاني؛ هو التمويل الذاتي لجميع الأنشطة والفعاليات، والتوقف عن التمويل الخارجي الذي يرتهن هذه المنظمات ومجتمعاتها لأجندات خارجية، ومن ثم يجعلها مرتهنة لقيادات تملك مفاتيح التمويل، فتتحول المنظمة إلى ملكية خاصة لمن يملك مصادر التمويل.

مقدمة

تُعدُّ الولايات المتحدة الأمريكية الدولة الأولى في العالم التي تشكلت من مجموعات من المهاجرين الأوربيين؛ عملوا على القضاء على سكانها الأصليين، أو عزلهم في مناطق نائية بعيداً عن الحياة المدنية للمجتمع العام. وفي مرحلة لاحقة وفد مهاجرون آخرون من جميع بقاع الأرض؛ شكلوا الفسيفساء الأمريكية التي نراها اليوم. وقد ألقت هذه النشأة بظلالها على تطور التاريخ السياسي الأمريكي، والدور الذي تقوم به كل جماعة من المهاجرين فيها، وعلاقة هذه الجماعات بعضها ببعض، وعلاقة الجاليات بالدولة وقواها الفاعلة، ونصيب كل جالية منها في عملية التأثير في السلطة، وامتلاك القوة السياسية، والدور الذي تقوم به اقتصادياً واجتماعياً، ومدى تأثيرها في السياسة الخارجية الأمريكية.

فعلى العكس من النظم الأوروبية المستقرة تاريخياً، والتي ينقسم المجتمع فيها أفقياً بين نخبة وجماهير، أو بين طبقات عليا ووسطى ودنيا، أو أرستقراطية وعوام، أو برجوازية وبروليتاريا، فإن التقسيم الاجتماعي الأساسي في الولايات المتحدة الأمريكية هو تقسيم رأسي؛ بين جماعات تنتمي إلى الدول التي هاجر منها المواطنون الأمريكيون؛ فهناك البريطانيون، والإيرلنديون، والإيطاليون، والأفارقة، والآسيويون...إلخ، أو تنقسم عرقياً فنجد الأنجلوساكسون، واللاتين، والفايكنج...إلخ، وكذلك تنقسم رأسياً على أسس دينية؛ مثل الكاثوليك، والبروتستانت، والمورمون، واليهود...إلخ، فهذه التقسيمات الرأسية هي الأساس، ثم يأتي بعد ذلك التقسيم الأفقي إلى نخبة وجماهير، أو إلى طبقات اجتماعية اقتصادية.

تتكون كل دولة في الدول الأوربية من جماعة بشرية واحدة؛ تمثل أمة وتشكل ما عُرف بالأمة الدولة، أو دولة الأمة Nation State، أما الولايات

المتحدة الأمريكية، فهي أمة بالمعنى الثقافي، والدستوري، والقانوني، وليست أمة بالمعنى القومي، ولذلك يركز نشيدها الوطني على مفهوم الأمة تحت العلم الأمريكي، أو الأمة التي يرعاها الإله، ضمن هذا المفهوم الجديد للأمة نجحت جماعات المهاجرين؛ على مدى خمسة قرون من الزمان في أن تندمج في المجتمع الأمريكي، وأن يكون لها دوراً فيه، وأن تسهم في صنع نموذجه الحضاري.

وعلى الرغم من أن معظمها قد مر بفترات من التهميش والاضطهاد من الجماعات السابقة المسيطرة على الأرض؛ فإنها استطاعت جميعاً أن تتجاوز ذلك؛ وتصنع لنفسها مكاناً في المجتمع الأمريكي، وحضوراً مؤثراً وفاعلاً. واستطاعت جميع الجماعات المهاجرة تحقيق ذلك بصورة سريعة نسبياً، إلا المسلمين؛ فقد مر على وجودهم قرون عدة، وعلى وجود منظماتهم في الولايات المتحدة أكثر من قرن؛ وما زالوا لم يحققوا ما حققه غيرهم. فلم يزل المسلمون بسبب ارتباك وتخبط المنظمات التي تعبر عنهم، غير قادرين على أن يصبحوا جزءاً من المجتمع السياسي الأمريكي.

مع العلم أنه لا يوجد في الدستور الأمريكي، أو القانون ما يمنعهم من القيام بأي دور، أو تولي أي منصب، فعلى قمة منصة المحكمة الدستورية العليا نحت بارز لنبي الإسلام عليه الصلاة والسلام بصفته أعظم من رسخوا فكرة حكم القانون في تاريخ البشرية، وعند التصديق على الدستور الأمريكي في ولاية كارولينا الشمالية، في 30 يوليو 1788 كان المتحدث الرئيسي وليم لانكستر William Lancaster، الذي كان معارضاً للنظام الفيدرالي؛ وقد عبر عن موقفه حينها قائلاً: "دعونا نتذكر أننا في حكومة الملايين التي لم توجد بعد، فبعد أربعمائة أو خمسمائة سنة- وأنا لا أعلم كيف ستعمل؛ لأنني لا أملك فنون التنبؤ، ولا أتلقى الوحي الإلهي- ولكن من الممكن أن يتولى أعظم منصب في الدولة واحدٌ من المحمديين (المسلمين) Mohometans،

أو من البابويين (الكاثوليك) Popists، أنا لا أرى في الدستور شيئاً ضد هذا، أو يمنع حدوثه"[1].

قد تتشكل السياسة الأمريكية عامة من خلال عملية تفاعل عميقة وممتدة بين الجماعات المتنافسة؛ سواء في صورة جماعات مصالح تعبر عن قطاعات صناعية أو تجارية أو غيرها، أو في صورة جماعات مصالح تعبر عن مكونات اجتماعية مثل اللوبي اليهودي، أو اللوبي الهندي، أو قد تتشكل تلك السياسة من خلال تنافس مؤسسات؛ عسكرية وصناعية وتجارية وغيرها. في كل الحالات تعكس مخرجات السياسة الأمريكية الداخلية والخارجية الأوزان النسبية للجماعات المتنافسة حولها، وتكون نتيجتها في مصلحة الطرف الأقدر على الإقناع بأن مصالحه هي المصالح الأمريكية العليا.

ويتجلى هذا الأمر بصورة أكثر وضوحاً في السياسة الخارجية الأمريكية حينما تتعلق بالصراعات القائمة بين دول مختلفة، في هذه الحالة تأخذ أمريكا الجانب الذي لديه من يمثله بصورة أقوى داخل المجتمع الأمريكي، بحيث تكون السياسة الخارجية الأمريكية معبرة عن قوة الجماعات، أو الأقليات المتنافسة داخلها. وذلك مثل الموقف الأمريكي من الصراع بين باكستان والهند، حيث تعكس السياسة الخارجية الأمريكية تجاه هاتين الدولتين قوة الجماعات الباكستانية والهندية داخل المجتمع الأمريكي. وحيث إن الجماعة الهندية في المجتمع الأمريكي أكثر اندماجاً في الحياة الاجتماعية الأمريكية، وأكثر تغلغلاً في النظام الأمريكي، وأكثر حضوراً في الاقتصاد، وصناعة القرار فإن أمريكا تنحاز إلى الهند لقدرة الجماعة الهندية في المجتمع الأمريكي على إعادة تعريف المصالح الأمريكية؛ بما يجعلها أكثر قرباً للموقف الهندي.

1. Juliane Hammer and Omid Safi, Eds., The Cambridge Companion to American Islam (New York: Cambridge University Press, 2013) p.1

انطلاقاً من هذه الحقيقة الواقعية يكاد يكون تأثير المسلمين في أمريكا منعدماً، لعدم فاعلية المنظمات التي تعبر عنهم، وعجزها عن قيادتهم ليصبحوا جزءاً من المجتمع الأمريكي؛ قادراً على لعب دور على مستوى الدولة؛ يعكس وزنهم وحجمهم وقدراتهم، فالواقع يقول إن عدد المسلمين في المجتمع الأمريكي يتراوح ما بين 6 ملايين و 10ملايين مواطن[2]، وإن مستويات التعليم فيهم أعلى من متوسط المجتمع الأمريكي، وكذلك الوظائف والدخل وملكية البيوت...إلخ، فهم جزء أصيل من الطبقة الوسطى؛ التي تملك النفوذ الحقيقي في المجتمع الأمريكي، ولكن للأسف، فإن حضورهم الاجتماعي والسياسي أقل بكثير من حقيقة وجودهم، وذلك يعود بالأساس إلى المنظمات والجماعات التي تقودهم، وتتولى شأنهم، وتعبر عنهم، حيث يغلب على تلك المنظمات التشتت، والتشرذم، والصراع الداخلي حول المصالح، والغنائم الشخصية، وحيث يقل أو ينعدم التخطيط، بل تسود العشوائية في الخطاب الثقافي والديني، وفي العمل والتنظيم والمواقف من القضايا الكبرى للمجتمع الأمريكي. وحيث يغلب الطابع الديني على منظماتهم، ويتضاءل الطابع العملي أو السياسي، ويغلب التحزب السياسي، والطائفية على الرابطة الدينية الجامعة، وينشغلون بقضايا دولهم السابقة عن قضايا وطنهم الحالي، وتنغمس المنظمات الإسلامية في صراعات المشرق وحروبه اللامتناهية، وتنسى أنها تعيش في مجتمع آخر هو المجتمع الأمريكي بكل تعقيداته ومشاكله. كما تسيطر على خطاب المنظمات الإسلامية

---

2. Amaney Jamal and Liali Albana, “Demographics, Political Participation and Representation”, In Hammer and Safi, Eds., op. cit. p.98.

حيث اعتمدت الباحثتان على بحث ميداني أعد عام 2011 خلص إلى أن 63٪ من المسلمين المهاجرين من خارج الولايات المتحدة، و37٪ من الأمريكيين، وأن توزيع المهاجرين كالتالي: 32٪ من الشرق الأوسط وشمال أفريقيا، و20٪ من جنوب آسيا (الهند وباكستان)، 29٪ الجيل الثاني المولود في أمريكا، و9٪ من أفريقيا جنوب الصحراء، و6٪ من أوروبا، و4٪ من إيران. وبعملية حسابية بسيطة يتضح أن أكثر من نصف المسلمين الأمريكيين ولد ونشأ وتعلم داخل الولايات المتحدة، ولهذا دلالات سوف نناقشها فيما بعد.

الأمريكية نزعة ماضوية تثير الاستغراب عند من يسمعهم، وكأنهم يتنافسون مع بقية المجتمع الأمريكي في السير عكس الاتجاه، فبمقدار تقدم المجتمع الأمريكي إلى المستقبل، تُغرِقُ المنظمات الإسلامية مجتمعات المسلمين الأمريكيين في التاريخ والماضي.

خلاصة القول إن هذه المنظمات لم تحقق المأمول منها؛ في أن تكون جزءاً من المجتمع الأمريكي بل على العكس من ذلك تورطت معظم هذه المنظمات في صراعات سياسية في دول العالم العربي وجنوب آسيا، وكأنها إنما أنشئت لخدمة جماعات معينة في تلك الدول.

أولاً: المنظمات الإسلامية في أمريكا: السياق والمساق

كانت نشأة المنظمات الإسلامية في أمريكا استثنائية بصورة تعكس حقيقة وجود المسلمين فيها، وطريقة تفكيرهم، وطبيعة همومهم ومشاكلهم، فقد نشأت أولى هذه المنظمات من خلال جماعات وتيارات توظف الإسلام لخدمة مصالحها، وتبرير توجهاتها، وتتعامل مع هذا الدين الحنيف بصورة برجماتية مُسيسة كوسيلة في صراعها الاجتماعي أو العرقي مع المجتمع الأمريكي الأبيض؛ الذي مارس الاسترقاق والتفرقة العنصرية على العرق الأفريقي؛ مسلمين وغير مسلمين لقرون عديدة. وجاءت نشأت أولى هذه المنظمات في بداية القرن العشرين، حيث كان الشغل الشاغل للمسلمين ذوي الأصول الأفريقية الرغبة في الاستقلال، والتميز عن المجتمع الأبيض المسيحي المهيمن على القارة الأمريكية، لذلك وجدوا في الإسلام فرصة تاريخية لتحقيق التمايز الديني، وبناء هوية جديدة تفصلهم عن باقي المجتمع الأمريكي، وتميزهم عنه.

فقد ترافق وجود المسلمين في أمريكا مع تجارة الرقيق التي جلبت ملايين البشر الأحرار من غرب أفريقيا إلى الأمريكيتين الشمالية والجنوبية، وبذلك

يمكن تأكيد وجود المسلمين في الولايات المتحدة منذ القرنين السادس عشر والسابع عشر[3]، وبعد ذلك بأكثر من قرن من الزمان؛ جاءت الهجرات من المناطق التي تعاني اضطهاد الدولة العثمانية في سوريا ولبنان حالياً، حيث حدثت هجرات متتالية في أواخر القرن التاسع عشر، وفي عشرينيات القرن العشرين تزايدت حركة الهجرة من المشرق العربي إلى أمريكا؛ بتشجيع من رجل الصناعة الشهير "هنري فورد" الذي استقطب أعداداً كبيرة لمصانعه في "ديربون" بولاية ميتشغان[4].

إلى جانب الأفارقة والعرب كانت هناك مجموعة صغيرة من المسلمين الألبان في ولاية "مين" Maine، حيث أنشأ هؤلاء أول مسجد في الولايات المتحدة عام 1915، ولم يظهر لهم دور في المنظمات الإسلامية بعد ذلك[5].

ومن خلال الرصد التاريخي لوجود المسلمين في الولايات المتحدة يمكن القول إنه حتى منتصف القرن العشرين كانت المجموعتان الأفريقية والعربية تشكلان المجتمع المسلم في الولايات المتحدة الأمريكية، ومن ثم فإن المنظمات التي نشأت حتى نهاية الخمسينيات من القرن العشرين كانت تعبر عن هاتين المجموعتين فقط، وتعكس همومهما الثقافية والاجتماعية، ورؤية العناصر الناشطة فيهما للعلاقة مع المجتمع والدولة الأمريكية.

وفي ستينيات القرن العشرين بدأ ظهور المنظمات التي أنشأها المهاجرون الجدد الذين جاؤوا إلى أمريكا كطلاب، وهذه النسخة الجديدة من المنظمات الطلابية نجحت في إعادة تشكيل خريطة المجتمع المسلم في أمريكا، فقد

---

3. Amir Hussain, Muslims and the Making of America (Texas: Baylor University Press, 2016) p. 1.
4. Paul M. Barrett, American Muslims: The Struggle for the Soul of a Religion (New York: Farrar Straus, 2007) p. 15.
5. Hussain, op. cit. p. 85.

تحدى هؤلاء الطلاب الصورة النمطية للمسلمين في أمريكا؛ والتي تعلي فكرة الاندماج في المجتمع الأمريكي، وتسعى إلى الاستقرار فيه، وتحقيق الحلم الأمريكي. نجح هؤلاء الطلاب في تقديم نموذج جديد يقوم على العزلة والانفصال عن الثقافة الأمريكية، ويرى أن الحفاظ على الدين، ونقاء العقيدة يستوجب عدم الاندماج؛ بل إنشاء مجتمع إسلامي موازي للمجتمع الأمريكي، وقد استطاع هؤلاء الطلاب -الذين سرعان ما أصبحوا مهندسين وأطباء...إلخ- أن يحلوا محل القيادات القديمة للمهاجرين العرب وللأفارقة الأمريكيين على السواء، وأن يقودوا المجتمعات المسلمة في أمريكا الشمالية لأكثر من نصف قرن من الزمان[6].

وفي السياق الآتي سنعرض مراحل تطور المنظمات الإسلامية في الولايات المتحدة الأمريكية وكندا:

1- مرحلة البحث عن الهوية المفقودة

في بداية القرن العشرين نشأت منظمتان بين المسلمين من أصول أفريقية؛ كان الهدف من إنشائهما هو تأكيد وجود هوية مستقلة مختلفة عن الإنسان الأبيض المسيحي الذي يمثل الأغلبية العظمى من الشعب الأمريكي، والذي استعبد الأفارقة بعد جلبهم من موطنهم الأصلي في غرب أفريقيا إلى العالم الجديد. وقد كانت الفكرة الغالبة على تلك المنظمتين الإسلاميتين في ذلك الوقت هي تحقيق الانفصال والتمايز، والسمو على المجتمع الأبيض المسيحي، والرغبة في استرداد الكرامة الضائعة، والقيمة الإنسانية المهدرة في حياة الرق القاسية، التي لم يشهد لها التاريخ البشري مثيلاً في انتهاك حقوق الإنسان، وإهدار كل قيمته وكرامته، وتعذيبه وقتله لأكثر الأسباب تفاهة.

6. Edward E. Curtis IV, “The Study of American Muslims: A History”, In Hammer and Safi, Eds., op. cit. p.19.

وقد نجحت هاتان المنظمتان في انتشال جيل كامل من المسلمين الأفارقة من حضيض القيمة الإنسانية إلى قمتها، بل انقلبت إحداهما؛ وهي أمة الإسلام Nation of Islam إلى منظمة عنصرية معكوسة، تتعالى على العرق الأبيض، وتحتقره، وقد وُظِّفَ الإسلام لتحقيق كل تلك الأهداف والغايات العرقية والعنصرية. ومنظمات هذه المرحلة هي:

أ- المعبد الأمريكي العلمي للموروسكيين Moorish Science Temple of America

في عام 1913 ظهر شخص من أب أفريقي، وأم من قبيلة الشيروكي من الهنود الحمر (يرى روبرت كرين Robert Crane مستشار الرئيس الأمريكي الأسبق نيكسون، أن هذه القبيلة بالتحديد اعتنقت الإسلام منذ زمن طويل، وأن بقايا الثقافة الإسلامية ما زالت تشكل تقاليدها وأعرافها وقيمها)؛ وكان اسم ذلك الشخص: تيموثي دريو Timothy Drew، وبعد أن اعتنق الإسلام أطلق على نفسه: "النبي نوبل دريو علي" Prophet Noble Drew Ali.

ادعى السيد "نوبل دريو علي" أن شيخه المصري أخبره أن أرواح سيدنا عيسى وسيدنا محمد عليهما الصلاة والسلام، ومعهما بوذا، وأنبياء آخرون قد حلت في جسده، وكأنه هو يمثل قيامة المسيح من قبره حسب رواية الإنجيل، وأن شيخه أمره بتأسيس جماعة أطلق عليها "المعبد الأمريكي العلمي للموروسكيين" Moorish Science Temple of America، وذلك لإعادة الأفارقة المسلمين إلى هويتهم الأصلية، فهم أبناء إمبراطورية في شمال أفريقيا، وتلك هويتهم، ولعل ذلك يعود إلى أن والده من أصول مغربية، وقد استخدم كلمة Moorish للتعبير عن مسلمي شمال أفريقيا، وهي نفس الكلمة التي استخدمها الأسبان لوصف المسلمين في الأندلس.

قامت فكرة المعبد الأمريكي العلمي للموروسكيين على تأسيس هوية جديدة للمسلمين إلى جانب الهوية الأمريكية، فقد كان يصدر بطاقات هوية

لأعضاء جماعته، مع احتفاظهم بالهوية الأمريكية، فهم لا ينكرون الهوية الأمريكية، ولا ينعزلون عن المجتمع، ولا يشعرون بالعداء تجاهه، ويشاركون في السياسة والاقتصاد والمجتمع الأمريكي، ولكنهم أصحاب هوية مستقلة[7].

ب- **الجماعة الأحمدية:** في العقد الثالث من القرن العشرين انتقلت مجموعة من بعثات الجماعة الأحمدية الهندية إلى الولايات المتحدة الأمريكية لتبشر بالعقيدة الأحمدية، وتنشر ترجمة إنجليزية للقرآن الكريم تعتمدها الأحمدية بين المسلمين الأفارقة، وقد كان لوجود هذه البعثات التبشيرية الأحمدية تأثيراً كبيراً في المجتمع الأفريقي المسلم وعلى منظماته فيما بعد[8].

ج- أمة الإسلام Nation of Islam

في عام 1930 ظهرت منظمة "أمة الإسلام"؛ أقوى المنظمات الإسلامية في أمريكا على الإطلاق من حيث العقيدة، والتنظيم، وعدد الأتباع، ومن حيث القدرة على الاستمرار عبر الزمن برغم الضغوط والتحديات، وجاءت هذه المنظمة على العكس من سابقتها معاديةً المجتمع الأمريكي الأبيض المسيحي، ومسقطةً عليه كل أنواع الغضب واللعنات، موظفةً الإسلام توظيفاً عرقياً عنصرياً؛ يجعله ديناً للإنسان الأسود فقط، أما البيض أصحاب العيون الزرق؛ فهم في عقيدتهم الملعونون يوم القيامة الذين وصفهم القرآن "***وَنَحْشُرُ*** الْمُجْرِمِينَ يَوْمَئِذٍ ***زُرْقًا***" (طه 102). وقد قامت منظمة أمة الإسلام على رفض الهوية الأمريكية، ورفض الجنسية الأمريكية، ورفض التصويت في

---

7. Karen Leonard, "Organizing Communities: Institutions, Network, Groups", In Hammer and Safi, Eds., op. cit. p.170, F. Abdat, "Before the Fez-Life and Times of Drew Ali", Journal of Race Ethnicity and Religion, Vol 5, No 8, August 2014, Michael A. Gomez, Black Crescent: The Experience and Legacy of African Muslims in the Americas, (New York: Cambridge University Press, 2005).
8. Kambiz Ghaneabassiri, A History of Islam in America: From the New World to the New World Order (New York: Cambridge University Press, 2010) pp. 207-218.

الانتخابات، أو المشاركة في الخدمة العسكرية[9]. أي إنها أحدثت قطيعة كاملة مع المجتمع الأمريكي وناصبته العداء.

وتأسست "أمة الإسلام" على يد Wallace D. Fard الذي أصبح اسمه Wallace Fard Muhammad، ثم Wali Farrad Muhammad "ولي فارض محمد"، وهو شخص أبيض البشرة من الشرق، يدعي أنه من مكة، وتقول الجهات الأمنية الأمريكية أنه مهاجر تركي، كان غريب الأطوار، بدأ حياته في "ديترويت"، في ولاية ميتشغان في شمال أمريكا؛ لأنها كانت مقراً للسود المهاجرين من الولايات الجنوبية بعد تحريرهم من الرق، وكان فارض محمد تاجراً للحرير والعطور والبخور، يطوف على الأبواب، يحمل بضاعته؛ يبيع متنقلاً من باب إلى باب، ويمارس الوعظ الديني كذلك؛ معتمداً في بادئ الأمر على الإنجيل، ثم بعد ذلك أصبح ينتقد الإنجيل، ثم جاء بالقرآن وقدمه على أنه الكتاب الأصح الموحى به من السماء[10]. وغالب الظن أنه من جماعة الأحمدية التي وصلت الولايات المتحدة في التوقيت نفسه لنشر عقيدتها بين المسلمين الأفارقة؛ بعد أن ضاقت عليها السبل في الهند.

كان فارض محمد عضواً في المعبد الأمريكي للموروسكيين، وفي عام 1930 قرر أن ينشئ جماعة "أمة الإسلام" بعدما تجاوز أتباعه عدة آلاف، كان يقنعهم أنهم ليسوا عبيداً بل هم من قبيلة "شاباز" Shabazz، المهاجرة من مكة، وأنه سيعود بهم إلى هناك، أطلق على نفسه صفة "النبي" Prophet [11]، وبعد أربع سنوات من تأسيس الجماعة تركها، وحل محله أليجا محمد الذي قاد الجماعة حتى بداية السبعينيات من القرن الماضي، وهو ابن قسيس معمداني من الولايات الجنوبية، كان اسمه روبرت بوول *Elijah* Robert Poole

9. Leonard, op. cit. pp. 170.
10. Erdmann Doane Beynon, "The Voodoo Cult among Negro migrants in Detroit", American Journal of sociology, 1938, Vol. 43, No.6, pp. 894–907.
11. Ibid, pp.900-901.

، ثم أطلق على نفسه Elijah Muhammad [12]، كان يعدُّ نفسه نبي الجماعة، وأستاذه المؤسس السابق فارض محمد هو بمنزلة الوحي الإلهي بالنسبة إليه؛ حيث يقول أليجا محمد إنه سأل أستاذه فارض محمد هل أنت المهدي؟، فردَّ فارض عليه: "نعم، ولكن الوقت لم يحن لأعلن ذلك"[13]، مرت هذه المنظمة بتحولات عدة بعد وفاة "أليجا محمد" حيث تخلت عن نزعتها العنصرية، وتحولت إلى الإسلام السُّني، أو التيار الرئيسي للمسلمين على يد ابنه "وارث الدين محمد"، الذي غير اسمها إلى "الجمعية الإسلامية الأمريكية" American Muslim Society[14].

وقد مثلت هذه الحركات الثلاث: المعبد العلمي الأمريكي للموروسكيين، والجماعة الأحمدية، وأمة الإسلام تحدياً كبيراً للأجهزة الأمنية الأمريكية؛ حيث خلقت حالة ذعر دائم لديها؛ لأنها رأت فيها تحدياً للهوية الأمريكية، يقوم على تغيير وضعية الأفارقة الاجتماعية والاقتصادية من خلال تبنيهم للإسلام، الذي قُدِّمَ بصفته هوية جديدة معادية للدولة الأمريكية، وللهوية الأمريكية؛ لذلك عُدَّت هذه الجماعات الثلاث طوائف دينية مغلقة Cults، وليست منظمات دينية[15].

ومن الجدير بالإشارة أنه من المبادئ المستقرة في علم السياسة أن تكون للمؤسسات والمنظمات عقل ومنطق وفكر خاص بها، وأنها ليست مجرد أبنية إدارية، أو مجرد شبكة علاقات تنظيمية، أو إطار قانوني، إنها كائنات حية تؤثر، وتتأثر بصورة قد لا يدركها العديد من الملاحظين، كما أن هذه

12. Claude Andrew Clegg, An original man: The life and times of Elijah Muhammad, (New York: Macmillan, 1998).
13. Richard Brent Turner, "From Elijah Poole to Elijah Muhammad", American Visions, October–November 1997.
14. Zain Abdulla, "American Muslims in the Contemporary World: 1965 to Present", In Hammer and Safi, Eds., op. cit. p.69.
15. Curtis, op. cit. pp. 15-16

المؤسسات أو المنظمات تشكل وعي البشر العاملين فيها، وتؤثر فيهم بصورة مدهشة، بحيث يتم قولبتهم داخلها، وإعادة تشكيل منطقهم، وفكرهم وسلوكياتهم طبقاً لمسلمات، ومعطيات تلك المؤسسات والمنظمات، لذلك يستحيل أن تنشأ منظمة في أي مجال من المجالات دون أن تؤثر في البشر المتعاملين معها، والمنظمات التي تأتي بعدها[16].

وقد يظن بعضهم أن المؤسسات محايدة، وأن البشر هم الذين يتحكمون فيها، والحقيقة أنها غير ذلك، فالمؤسسات أو المنظمات تحكم من يتحكمون فيها، وتعيد تشكيل وعيهم، لذلك فإن فكرة المنظمة التي ترعى شؤون أقلية مسلمة في المجتمع الأمريكي تأثرت بعمق بهذا الجيل الأول من المنظمات، وحملت رموزها الوراثية، وكأنها نسل من بشر يتناسل بالرموز الوراثية نفسها مهما تطاول الزمن. فالناظر في تطور المنظمات الإسلامية في الولايات المتحدة سيجد أنها حملت كثيراً من خصائص ومحددات هذه المرحلة؛ حتى وإن ادَّعت أنها تناقضها عقيدة وفكراً وتنظيماً وأهدافاً.

لذلك فإن هذه المرحلة قد تركت تأثيراً كبيراً قد لا يلاحظه بعضهم، ولكنها أسهمت بقدر كبير في تشكيل طبيعة ووجهة وغايات وأساليب جميع المنظمات الإسلامية التي نشأت بعد ذلك على الأرض الأمريكية. ويمكن أن نحدد ذلك التأثير في الآتي:

- التأسيس لفكرة توظيف الإسلام لخدمة أهداف عرقية وعنصرية وسياسية وشخصية، ومن ثم فقد كانت هناك منظمات تستخدم الإسلام ولا تخدمه، تعيد تفسيره، وتجييره لمصلحة مجموعة من المسلمين؛ اعتبرت أن الإسلام سيكون سلاحاً في أيديهم، أو وسيلة من وسائلهم، أو مطية يركبونها -على حد تعبير الإمام الشاطبي- للوصول إلى أهدافهم،

16. Mary Douglas, How Institutions Think, (New York: Syracuse University Press, 1986).

وقد ظل هذا الملمح موجوداً في المنظمات الإسلامية التي نشأت بعد ذلك على الأرض الأمريكية حتى تاريخ اليوم.

- ترسيخ النزعة السياسية الحزبية التي تستخدم الإسلام لخدمة مجموعة من الأشخاص؛ تصادف أنهم ينتمون لجماعة أسسها شخص بعينه لأهداف لا يعرفها معظمهم، حتى الشخص المؤسس ذاته لم يكن معروفاً لديهم بالصورة الكافية، كل ما جذبهم إليه هو الشعار، والهيئة، واسم المنظمة.

- سيطرة النزعة الراديكالية الثائرة على المجتمع الأمريكي الرافضة للاندماج فيه، والمعادية بصورة خفية أو ظاهرة له، والتي لا تقبل التعايش معه، بل التنافر والصدام.

- تمحور المنظمة حول شخص المؤسس، وذوبانها في ذاته، بحيث تكون نهايتها، أو ضعفها بنهايته، حيث كان البعد الشخصي حاضراً في المنظمتين الأساسيتين اللتين وضعتا حجر الأساس للعمل المؤسسي للمسلمين في الولايات المتحدة. وقد ظل ذلك على مستوى شخصنة الإدارة والقرار في معظم المنظمات الإسلامية التي نشأت بعد ذلك.

- الارتباط بالشرق من حيث الفكرة أو الهدف والغاية، بما يعكس غربة حقيقية عن أمريكا، قد يكون لها ما يبررها في ذلك الوقت، ولكن هذا الارتباط بالشرق، والغربة عن المجتمع الأمريكي ظلت تتسرب في المنظمات الإسلامية التي نشأت بعد ذلك لما يقارب قرن من الزمان، فقد ظل الشرق حاضراً بقضاياه، وأفكاره وشخصياته في مختلف المنظمات الإسلامية حتى نهاية القرن العشرين، إذ عملت هذه المنظمات وكأنها تمثل سفارات للجماعات التي تنتمي إليها في دول الشرق الإسلامي، وليست منظمات لخدمة المجتمع المسلم الأمريكي.

2- مرحلة استرجاع الثقافة المفقودة

شهد التاريخ موجتين كبيرتين من الهجرات العربية إلى الولايات المتحدة الأمريكية، أولاهما في أواخر القرن التاسع عشر، والثانية في عشرينيات القرن العشرين، كانت التدفقات البشرية الأكبر في الهجرتين من بلاد الشام، وكان المسيحيون العرب المهاجرون أكثر بكثير من المسلمين، وقد انتشر المهاجرون في الولايات الشمالية، وفي الغرب الأوسط الأمريكي، وحيثما حلوا أنشأوا مساجد صغيرة، ومنظمات محلية لرعاية شؤونهم، والحفاظ على الحد الأدنى من عاداتهم وتقاليدهم، خصوصاً تقاليد الدفن بعد الوفاة.

وبحلول خمسينيات القرن العشرين، ومع قدوم أفواج من الطلاب من مختلف الدول العربية للدراسة في الجامعات الأمريكية، قام الجيل الثاني والثالث من المسلمين العرب، الذين لا يمكن تمييزهم عن المسيحيين العرب، يتشاركون معهم في كل شيء، وتقوم منظماتهم المحلية وجمعياتهم بخدمة العرب بغض النظر عن أديانهم، قام بإنشاء منظمة جديدة أطلق عليها "فيدرالية المنظمات الإسلامية" The Federation of Islamic Associations، وذلك في 28 يونيو عام 1952 في ولاية ميتشغان، وكان الهدف الأساسي منها ثقافي واجتماعي، فقد كانت تهدف إلى ربط الأجيال الجديدة بالثقافة العربية الإسلامية، وبفنونها وبكل مظاهرها، وتهدف كذلك إلى تحقيق التعارف بين الأجيال الجديدة؛ لتوفير فرص الزواج للأبناء والبنات من الجالية نفسها.

ولم تستمر هذه المنظمة طويلاً نظراً إلى قلة الخبرة التنظيمية عند القائمين عليها، وللتنازع الداخلي بين المنظمات، والجمعيات المنضوية تحتها، كما أسهمت المنظمات الإسلامية الحركية التي نشأت بعد ذلك في نزع الشرعية عنها، لأنها كانت في نظرهم تهدف لدمج المسلمين في المجتمع الأمريكي، ولا تلتزم التدين المعهود عند هذه الجماعات، فأغلب الأعضاء والحضور، لا يراعون

من حيث الشكل المظهر الإسلامي الذي جاء بعد ذلك إلى الولايات المتحدة مع نشأة المنظمات ذات العلاقة بتنظيم الإخوان المسلمين، وبالجماعة الإسلامية الباكستانية، وبالناشطين الإسلاميين الإيرانيين، فقد وُجِّهَ الهجوم على هذه المنظمة؛ ما أسهم في انصراف المسلمين عنها حتى تلاشت[17].

وقد كان لهذه المرحلة تأثيرها الملحوظ في ما جاء بعد ذلك من منظمات إسلامية أمريكية، بل إن هذه المرحلة كانت البداية الحقيقية لنوعية من المنظمات التي أنشأها المهاجرون من الشرق الأوسط وجنوب آسيا، وترى بعض القيادات المؤسسة لجمعية الطلبة المسلمين أن كل ما ظهر بعد ذلك من منظمات في الستينيات والسبعينيات والثمانينيات كانت ردَّ فعل لهذه المرحلة، ويمكن في النقاط الآتية تلخيص الآثار التي تركتها هذه المرحلة على المراحل التالية:

- التركيز على المكون الثقافي للمجتمعات التي هاجر منها المسلمون، وعَدِّه هوية تجمع الأجيال المتعاقبة من المهاجرين في أمريكا، وبذلك تحولت المنظمات الإسلامية إلى وسيلة للحفاظ على ثقافة الآباء والأجداد.

- تحولت المنظمات الإسلامية في أمريكا إلى وسيلة لتحقيق أهداف اجتماعية لضمان تزاوج الأبناء والبنات من الخلفيات الثقافية والوطنية نفسها للآباء والأجداد، بحيث أصبح الدور الأساسي للمنظمات الإسلامية الكبرى التي ستنشأ بعد ذلك مثل، الجمعية الإسلامية لأمريكا الشمالية Islamic Society of North America، والجمعية الإسلامية الأمريكية Muslim American Society (MAS)، والدائرة الإسلامية لأمريكا

17. Leonard, op. cit. p.171, "Federation of Islamic association" In: The Oxford Dictionary of Islam., edited by John Esposito. Oxford Islamic Studies Online, http://www.oxfordislamicstudies.com/article/opr/t125/e650.9.

الشمالية Islamic Circle of North America (ICNA)، هو توفير فرصة للأبناء والبنات لاختيار شريك الحياة من الثقافة نفسها.

- استمرار الروابط العرقية والثقافية واللغوية كمحددات أساسية، ومؤثرات جوهرية في تطور وتماسك وفاعلية المنظمات الإسلامية في أمريكا حتى أحداث 11 سبتمبر 2001.

3- مرحلة استيراد الصراعات الأيديولوجية من الشرق

مثلت "فيدرالية المنظمات الإسلامية" The Federation of Islamic Associations تحدياً أيديولوجياً لأعضاء جماعة الإخوان المسلمين في الولايات المتحدة من جميع الخلفيات العربية والآسيوية، على حد وصف أحد القيادات المؤسسة لمنظمتي MSA وISNA، وذلك لأن "فيدرالية المنظمات الإسلامية" كانت تمثل الثقافة العربية في نسختها العلمانية حسب رؤية أعضاء جماعة الإخوان؛ من حيث الاختلاط بين الرجال والنساء، وعدم التزام الزي الإسلامي، وإقامة الحفلات الموسيقية والغنائية....إلخ، وجميعها فعاليات ثقافية عادية في أواخر الخمسينيات، وأوائل الستينيات من القرن الماضي في جميع بلاد الشام؛ التي جاء منها المهاجرون في الموجتين الأولى أواخر القرن التاسع عشر، والثانية أوائل القرن العشرين، ولكن "الإخوان" لم يعترفوا بذلك في الشرق، وفشلوا في منعه، فوجدوا فرصة لمواجهته في أمريكا.

وقد كانت البداية قيام زوجات بعض مؤسسي MSA و ISNA، بالمشاركة في تجمعات "فيدرالية المنظمات الإسلامية"، وتوزيع كتيبات عن الحجاب والصلاة والتحذير من الاختلاط والموسيقى واللهو، وكذلك توزيع نسخ مترجمة من القرآن الكريم في تلك التجمعات، وهنا يجب أن نلاحظ أهمية الدور الذي تقوم به النساء في جماعة الإخوان المسلمين لضمان المواجهة الأيديولوجية الناعمة التي لا تتطور إلى خلاف أو صدام أو عنف، حيث إن

المجتمع الأمريكي في ذلك الوقت لم يكن مستعداً لهذا، وكذلك أعضاء جماعة الإخوان لم تكن المواجهة في مصلحتهم سواء مع المجتمع الأمريكي، أو مع النظم القومية والاشتراكية في بلدانهم؛ لأنهم كانوا في مرحلة الاغتراب التي تتلوها عودة إلى الديار والأوطان، ولم يكونوا قد وصلوا بعد لمرحلة الإقرار بوضعية الهجرة.

كذلك وفي الوقت نفسه لعب "اتحاد طلبة الكويت في أمريكا" دوراً أقوى من الدور الذي قامت به "فيدرالية المنظمات الإسلامية" في مواجهة الجماعات والتنظيمات الدينية التي تنشط في أوساط الجالية المسلمة من المهاجرين العرب والآسيويين، حيث كان هذا الاتحاد - حسب العديد من قيادات المنظمات الإسلامية التي نشأت بعد ذلك – واسع النشاط، شديد الحيوية، وواضح في علمانيته، وتمسكه بقيم الحرية الفكرية والتعددية، ومواجهته للتيارات الدينية المغلقة؛ بصورة أرهقت تلك التيارات الدينية وأزعجتهم أيما إزعاج.

في ظل هذا الصراع الأيديولوجي جاءت نقطة التحول الكبرى في تاريخ المسلمين في الولايات المتحدة الأمريكية، وهي تأسيس جمعية الطلبة المسلمون Muslim Students Association (MSA)، وهي المنظمة الأم لجميع المنظمات الإسلامية التي ظهرت في أمريكا بعد ذلك[18]، حيث تأسست هذه المنظمة خلال اجتماع ضم 13 طالباً من جماعة الإخوان المسلمين في العالم العربي، والجماعة الإسلامية في باكستان، وإسلاميو إيران، وقد جاؤوا من مختلف جامعات الولايات المتحدة والتقوا في جامعة إلينوي في إربانا-شامبين في يناير 1963.

18. Iqbal J. Unus, "Governance in Muslim Community Organizations", In: Zahid H. Bukhari, ed., Muslims' Place in the American Public Square (Lanham, MD: Altiqmira Press, 2004) pp. 347-348

وفي ظل وجود أعضاء جماعة الإخوان من العراق وفلسطين ولبنان والأردن ومصر، وأعضاء الجماعة الإسلامية من الهند وباكستان، تولى القيادة في جمعية الطلبة المسلمين العديد من الإسلاميين الإيرانيين، فتولى رئاستها فور تأسيسها لدورتين متتاليتين الإيراني "مهدي بهادوري" Mehdi Bahadori، وبعد ذلك تولى الرئاسة الوزير في حكومة حزب الدعوة في العراق الدكتور "حسين الشهرستاني"، ثم جاء إيرانيان آخران هما: "يونس مختار زاده" Yunus Mukhtarzadeh، و"مظفر بارتوما" Mozaffar Partowmah.

وفور تأسيس الجمعية أصبح لها فرع في كل جامعة وكلية في أمريكا وكندا، وكان هدف هذه الجمعية في البداية الحفاظ على تدين وهوية وثقافة طلاب الجامعات المسلمين القادمين من الشرق[19]، من خلال نشاطات دينية، وثقافية طبقاً لتصور جماعة الإخوان، وذلك لمواجهة التيارات القومية والاشتراكية والعلمانية التي تدعمها الدول العربية، ثم توسع اهتمامها بعد ذلك إلى التعريف بالإسلام لجمهور الطلاب غير العرب وغير المسلمين فتم في عام 1966 إنشاء مطبعة Islamic Book Service، لطباعة الكتب والمطويات للتعريف بالإسلام، وترجمة الكتب الأساسية لجماعة الإخوان من العربية إلى الإنجليزية، ثم ازداد نشاط الجمعية توسعاً ليمتد إلى تنظيم حياة المسلمين من خلال مرجعية دينية وفقهية في أمريكا؛ فأُسِّسَ مجلس فقهي Fiqh Council عام 1970 [20]، وبعد أن صار من الصعب على مؤسسي الجمعية، أن يستمروا في قيادتهم لها بعد أن فقدوا صفتهم الطلابية، قاموا في السبعينيات من القرن الماضي بتأسيس عدد من المنظمات الأخرى على يد نفس القيادات مثل: جمعية علماء الاجتماعيات المسلمين The

---

19. Leonard, op. cit. p171

20. Geneive Abdo, Mecca and Main Street: Muslim life in America after 9/11(New York: Oxford University Press, 2006) pp. 194-198., Leila Ahmed, A Quiet Revolution: The Veil's Resurgence, from the Middle East to America (New Haven: Yale University, 2011) pp. 160- 166.

Association of Muslim Social Scientists (AMSS)، والجمعية الطبية الإسلامية (IMA) Islamic Medical Association ، وجمعية العلماء والمهندسين المسلمين The Association of Muslim Scientists and Engineers (AMSE، وأخيراً أسست المجموعة نفسها منظمة جديدة هي الجمعية الإسلامية لأمريكا الشمالية Islamic Society of North America (ISNA)، في عام 1982 [21]، ومن خلال ISNA، نشأت منظمات أخرى سنعرض لها في سياقها.

وقد كانت جمعية الطلبة المسلمين MSA فكرة إخوانية خالصة، تمثل بداية لتأسيس المدينة الفاضلة على الأرض الأمريكية، حيث أنشأت مجتمعاً يقوم على الإسلام كعقيدة وطريقة حياة، ولم يكن في خيال مؤسسيها أنها منظمة لخدمة المجتمع الأمريكي، ولكنها وسيلة لخلق مجتمع فاضل لخدمة الإسلام[22]. وحول فلسفة عملها التنظيمي يقول الدكتور إلياس بايونس أحد مؤسسيها وقياداتها: " هناك قاعدتان يجب التزامهما هما: السيطرة أو التحكم Control، والموارد Resources، فمن دون سيطرة لن تكون هناك جماعة، ومن دون موارد لن تكون هناك أعمال ومهام وإنجازات"؛ ثم يتابع الشرح متحدثاً عن مفهوم الإمارة والخضوع والطاعة والشورى داخل الجماعة كقيم للعمل الجماعي نابعة من أدبيات الخطاب التنظيمي الإخواني[23].

---

21. George W. Braswell Jr., What You Need to Know About Islam and Muslim (Nashville, Tennessee: B&H Publishing Group, 2000), John Y. Fenton, Transplanting Religious Traditions: Asian Indian in America (Westport CT: PRAEGER, 1988), Gutbi Mahdi Ahmed, "Muslim Organizations in the United States", In: Yvonne Yazbeck Haddad, ed., The Muslims of America (New York: Oxford University Press, 1991) p. 15.
22. Unus, op. cit. p.349.
23. Ilyas Ba-Yunus, Muslims in North America: Problems and Prospects (MSA: 1974) pp. 11-12

ثانياً: المنظمات الإسلامية في أمريكا: من تجنيد المغتربين إلى توطين المهاجرين

في 3 أكتوبر عام 1965 صدر قانون الهجرة والجنسية الجديد في الولايات المتحدة، وكان هذا القانون بداية لتحول كبير في تاريخ المسلمين في المجتمع الأمريكي، تبعته تحولات أكبر في طبيعة المنظمات الإسلامية هناك، ودورها ومجال عملها، وتعددها وتنوعها. فقد ألغى هذا القانون القيود التي كانت تفرضها قوانين سابقة للهجرة أولها صدر عام 1923، وثانيها عام 1946، وكلاهما كان يقيد الهجرة واكتساب الجنسية بنسب صارمة يحددها عدد الموجودين على الأرض الأمريكية الحاملين لجنسيتها من هذه الدولة أو تلك، ونسبتهم إلى العدد الإجمالي للسكان، فإذا كان عدد المواطنين من ألمانيا مثلاً 10٪ من الشعب الأمريكي؛ فإن نسبة المسموح لهم بالهجرة من الألمان إلى أمريكا لا تتعدى هذه النسبة من المهاجرين، وحيث إن نسبة المواطنين الأمريكيين من أبناء الدول الإسلامية جميعها تصل إلى حد الصفر من إجمالي عدد السكان الأمريكيين؛ فإن الهجرة إلى أمريكا واكتساب جنسيتها؛ سواء من خلال لم شمل الأسر من أقارب الدرجتين الأولى والثانية، أو من خلال الهجرة العادية كانت مستحيلة خصوصاً من جنوب آسيا: الهند وباكستان؛ حيث كان الوضع شبه مغلق على مواطني هاتين الدولتين[24].

ومع صدور قانون الهجرة والجنسية الجديد عام 1965 تدفق مئات الآلاف من مسلمي الهند وباكستان وجنوب شرق آسيا، وكذلك من العالم العربي، فعلى سبيل المثال كان أكثر من نصف المهاجرين إلى أمريكا سنوياً في فترة الخمسينيات من القرن الماضي يأتون من شمال أوروبا بينما نسبة كل القادمين من آسيا لا تتجاوز 6٪، ومع نهاية التسعينيات من القرن الماضي

24. https://www.migrationpolicy.org/article/geopolitical-origins-us-immigration-act-1965, http://library.uwb.edu/Static/USimmigration/1965_immigration_and_nationality_act.html, https://www.gpo.gov/fdsys/pkg/STATUTE-79/pdf/STATUTE-79-Pg911.pdf.

تراجعت نسبة المهاجرين الأوروبيين إلى 16٪، وارتفعت نسبة الآسيويين إلى 31٪[25].

وبعد تفعيل هذا القانون وتطبيقه بصورة واسعة عام 1968، تغير تفكير أعضاء جمعية الطلبة المسلمين MSA؛ التي كانت تعد الدارسين في الجامعات الأمريكية من العرب والمسلمين للعودة إلى أوطانهم في المشرق بعد الانتهاء من دراستهم، والحصول على الثروة المأمولة ليكونوا أعضاءً فاعلين في تنظيم الإخوان في بلدانهم الأصلية، حيث بدأ هؤلاء الأعضاء أنفسهم يفكرون في الإقامة في الولايات المتحدة، واستقدام أسرهم وعوائلهم من المشرق، خصوصاً بعد تخرجهم وحصول الكثير منهم على درجات جامعية في الطب والهندسة، أو درجات الدكتوراه في العديد من العلوم، ونجاحهم في اقتحام سوق العمل بجدارة واقتدار.

وقد شجع على ذلك تغير المناخ السياسي والاجتماعي في أمريكا في السبعينيات من القرن الماضي بعد نجاح حركات الحقوق المدنية، والمرأة، والشباب، والحريات العامة، وفي الوقت نفسه كانت الأوضاع في دول المشرق الإسلامي قد وصلت إلى درجة من السوء اقتصادياً واجتماعياً وسياسياً دفعت المغتربين من الطلاب إلى التخلي عن حلم العودة إلى الوطن، والتفكير جدياً في الاستقرار وتحقيق الحلم الأمريكي[26].

وهنا تحول دور جمعية الطلبة المسلمين MSA والمنظمات المنبثقة عنها؛ التي أنشأتها قياداتها بعد ترك الدراسة الجامعية، من رعاية المغتربين وإعدادهم للعودة إلى أوطانهم في المشرق ليرفدوا جماعة الإخوان المسلمين والجماعة الإسلامية في باكستان بكوادر مؤهلة تأهيلاً عالمياً، تسهم في

---

25. Leonard, op. cit. p.171, https://www.history.com/topics/us-immigration-since-1965.

26. Abdulla, op. cit. pp. 68-69

تحقيق حلم هذه الجماعات السياسية في الوصول إلى السلطة، وإدارة الدولة، إلى تأسيس مجتمع إسلامي في الولايات المتحدة، متماسك، ومنظم، وقادر على الحفاظ على عقيدة وثقافة وأخلاق أعضائه، وأبنائهم من بعدهم، وفي الوقت نفسه التأثير في المجتمع الأمريكي لقبول الإسلام والمسلمين، والاعتراف بوجودهم، وحقهم في ممارسة شعائر دينهم، والحفاظ على ثقافتهم الإسلامية خصوصاً من الناحية المظهرية مثل الحجاب واللحية وغيرها، ثم توسع هذا الدور إلى السعي للتأثير في النخبة الأمريكية، والإدارة الأمريكية، ورجال الكونجرس لمناصرة القضايا التي تهتم بها جماعة الإخوان في العالم العربي مثل قضية فلسطين، أو الجماعة الإسلامية في باكستان مثل قضية كشمير.

وهنا نلاحظ أن الشباب المنتمين لجماعة الإخوان، والجماعة الإسلامية الباكستانية الذين أسسوا، وقادوا المنظمات الإسلامية في أمريكا الشمالية لما يقارب نصف قرن، قد طوروا عملهم، وتوسعوا في نشاطاتهم طبقاً لتطور الواقع والحاجات والأهداف، وقد مروا عبر ذلك بثلاث مراحل: كانت أولاها العمل الطلابي، ثم جاءت الثانية لتركز على المنظمات الاجتماعية والمهنية، وأخيراً انتقلوا إلى تأسيس المنظمات السياسية التي تخدم أهدافهم في أمريكا الشمالية، وتخدم كذلك أهدافهم في توظيف القوة السياسية الأمريكية لخدمة أهداف جماعاتهم السياسية في أوطانهم السابقة في الشرق.

ولتحقيق هذه الأهداف المتجددة والمتوسعة نشأت منظمات جديدة وقفت ورائها قيادات جمعية الطلاب المسلمين MSA السابقين؛ الذين صاروا يحتلون مواقع متميزة في المجتمع الأمريكي؛ كأطباء ومهندسين وعلماء وأساتذة جامعات...إلخ، وسنعرض لهذه المنظمات في الجزء التالي.

1- المنظمات الاجتماعية

وهي المنظمات التي ترمي أساساً إلى تحقيق أهداف اجتماعية وثقافية لخدمة المسلمين في أمريكا الشمالية، وهذا لا يعني أنها لا تقوم بأدوار سياسية وثقافية وغيرها، ولكن كل هذه الأدوار ثانوية بجانب الدور الاجتماعي، وليست أساسية، ومن بين هذه المنظمات ما يلي: -

أ- الجمعية الإسلامية لأمريكا الشمالية Islamic Society of North America (ISNA)

أنشئت هذه المنظمة من قبل قيادات جمعية الطلبة المسلمين MSA، في ولاية إنديانا عام 1982، وهي تطور طبيعي لجمعية الطلبة فرضته ظروف الهجرة والاستقرار واستقدام الأسر والعائلات، والانتقال من حالة الاغتراب إلى وضعية الهجرة. وقد جاءت كغطاءٍ لنقل نشاطات جمعية الطلبة المسلمين خارج الجامعة[27].

ومن ناحية ثانية تعد هذه المنظمة امتداداً من حيث الفكرة والدور لفيدرالية المنظمات الإسلامية التي أنشئت عام 1953، وفي الوقت نفسه كانت بديلاً لها أدى إلى تلاشيها مع الزمن، لأنها جاءت برؤية مختلفة لتنظيم المجتمع الإسلامي في أمريكا الشمالية تعكس توجهات وأفكار مؤسسيها المنتمين لجماعة الإخوان في العالم العربي، والجماعة الإسلامية في باكستان[28].

وتتمحور أهداف ISNA حول قضايا دينية واجتماعية بالأساس، فهي ترمي إلى تعليم المسلمين وتوثيق صلتهم بدينهم، وعقيدتهم في مجتمع غربي متقدم، وكذلك تقوم بدور اجتماعي يتعلق بخلق روابط بين الأسر والأجيال وتمثل مؤتمراتها السنوية فرصة للتعارف والزواج بين أبناء الجالية، ولكنها

---

27. Ibid. p.70

28. Leonard, op. cit. pp. 177-178.

أيضا طورت لنفسها دوراً سياسياً، حيث تحرص على خلق رابطة تجمع المسلمين في أمريكا الشمالية بغض النظر عن أوطانهم السابقة، وأعراقهم ومذاهبهم، وذلك لخلق حالة وحدة بينهم تمكنهم من أن يكون لهم وزن سياسي حقيقي في المجتمع الأمريكي، وقد أنشأت ISNA من أجل ذلك المجلس الفقهي لأمريكا الشمالية لخلق مرجعية دينية موحدة للمسلمين من ناحية، ولترسيخ فكرة الصوت الواحد الذي يعبر عن الإسلام، وقد أصدر هذا المجمع فتاوى ضد الإرهاب بعد أحداث سبتمبر 2001 [29].

وظلت ISNA تحمل أيديولوجية جماعة الإخوان المسلمين التي ترسخت في جمعية الطلبة المسلمين حتى أحداث سبتمبر 2001، ففي عدد مارس/إبريل لعام 1999 حمل غلاف مجلتها الشهرية "الآفاق الإسلامية" *Islamic Horizons* صورة مؤسس تنظيم الإخوان حسن البنا، وكان شخصه وفكره محور العدد، كذلك في عام 1990 نشرت مطبعة ملحقة بهذه المنظمة ترجمة لكتاب سيد قطب "معالم في الطريق"[30]. واستمرت قيادات ISNA المنتمية إما لجماعة الإخوان في العالم العربي، أو لفرعها الباكستاني الذي يحمل اسم الجماعة الإسلامية، حريصة على أن تكون هذه المنظمة تابعة أيديولوجياً وسياسياً لهاتين الجماعتين في المشرق الإسلامي إلى أن وقعت أحداث 11 سبتمبر، وبعدها بدأ التحول الكبير في تطورها.

وقد كان انتخاب الدكتورة إنجريد ماتسون Ingrid Mattson، كأول سيدة، وأول إنسان أمريكي أبيض من غير المهاجرين لقيادة ISNA في عام 2006، نقطة تحول جوهرية في تطور هذه المنظمة، فالدكتورة ماتسون حصلت على الدكتوراه من جامعة شيكاغو عام 1999، في موضوع الفقه والتاريخ، وكانت

29. M. A. Muqtedar Khan, "Political Muslims in America: From Islamism to Exceptionalism", Middle East Policy, Vol. XXII, NO. 1, Spring 2015, p. 35., Ahmed, op. cit. pp. 166-173.

30. Leonard, op. cit. p. 178.

في قمة التحرر في نقدها للفقه الإسلامي؛ حيث خلصت إلى أن الفقهاء انحازوا لقوى المجتمع أكثر من انحيازهم لمقاصد الشرع في موضوع الرقيق.

الدكتورة ماتسون كانت كاثوليكية، واعتنقت الإسلام على أرضية عقلية رشيدة، بحيث صارت تمثل نموذجاً للمسلم الذي استطاع أن يجيب على سؤال الأستاذ الكاثوليكي الشهير جون إسبوزيتو الذي يعد من أكثر المناصرين لجماعة الإخوان المسلمين في الأكاديميات الغربية، والذي طرح سؤالاً إشكالياً، ردده العديد من الباحثين بعده يقول "هل يستطيع المسلم أن يحيا حياة إسلامية في أرض غير إسلامية؟"[31]. كانت الإجابة في شخصية إنجريد ماتسون، هكذا يرى العديد من الدارسين الأمريكيين غير المسلمين[32]. وقد صارت ISNA بعد قيادة ماتسون مختلفة عما كان قبلها؛ سواء من حيث الموضوعات التي تهتم بها، أو انخراطها في المجتمع الأمريكي، وتعاملها مع إشكالياته الكبرى[33].

ب- الدائرة الإسلامية لأمريكا الشمالية Islamic Circle of North America (ICNA)

تعد هذه المنظمة أيضاً واحدة من منتجات جمعية الطلبة المسلمين MSA، فقد أنشأتها المجموعة المنتمية لحزب الجماعة الإسلامية في باكستان من داخل جمعية الطلبة في سنة 1971، ثم تطورت إلى أن أصبحت نسخة مصغرة من ISNA، تقوم بالأدوار والفعاليات نفسها[34]، ولكنها النسخة الأقرب إلى المنهج السلفي، على العكس من ISNA المنفتحة على جميع التيارات

31. Curtis IV, op. cit. p. 21
32. Beth Dufresne, "A View from the Edge: Ingrid Mattson, the Face of American Islam", Commonweal, February 22, 2013.
33. Ali M. M., "Thirty Thousand Attend ISNA's annual Convention", Washington Report on Middle East Affairs, Vol. 28, Issue 7, Sep/Oct 2009, pp. 54-55.
34. Leonard, op. cit. p. 178

الإسلامية، والتي تتسم بدرجة أكبر من الحداثة والعصرنة، أما ICNA فتعلن أنها ترمي أساساً إلى إقامة الدين على منهج السلف الصالح، وتحقق ذلك من خلال حلقات تعليم القرآن، والأسر التي تتكون من النساء[35]. وقد شهدت مرحلة التسعينيات من القرن الماضي وما بعدها تطورات كبيرة في المنظمة، فقد تراخى ارتباطها بالجماعة الإسلامية الباكستانية، وتخلت عن اللغة الأوردية كلغة خطاب ودعوة وحوار ومؤتمرات، وأصبحت مؤتمراتها مفتوحة للجميع وباللغة الإنجليزية.

ج- الجمعية الإسلامية الأمريكية Muslim American Society (MAS)

في عام 1992 أنشأت مجموعة من المهاجرين العرب المنتمين لجماعة الإخوان المسلمين هذه المنظمة، التي تشبه تماماً منظمة ICNA، بحيث صارت الاثنتان شيئاً واحداً، يعقدان مؤتمراتهما السنوية بصورة مشتركة، فمرة يكون المؤتمر السنوي ICNA-MAS، وأخرى MAS-ICNA، لتحديد أي المنظمتين هي صاحبة المناسبة. وقد أنشأت هذه المنظمة عام 2000 جامعة مفتوحة تعتمد نظام التعليم عن بعد؛ أطلقت عليها "الجامعة الإسلامية الأمريكية" Islamic American University [36]، وكان أول رئيس لها الدكتور صلاح سلطان، القيادي الإخواني المصري.

والحقيقة أن هاتين المنظمتين تغرقان في المبالغة في البعد العقائدي، والحفاظ على التقاليد الاجتماعية المنقولة عن الشرق بصورة تسهم في تحويل المسلمين إلى "جيتو" منعزل عن المجتمع الأمريكي.

د- جمعية المسلم العالمي الأمريكية The Universal Muslim Association of America (UMAA)، وهي منظمة للشيعة الإثنا عشرية في

35. Mohamed Nimer, The North American Muslim Resource Guide (New York: Routledge, 2002) pp.67-69.
36. Leonard, op. cit. p. 178.

الولايات المتحدة، أُسِّسَت عام 2002، تمثل النسخة الشيعية لمنظمتي ICNA، وMAS.

2- المنظمات السياسية

هي مجموعة من المنظمات أنشئت بالأساس للقيام بدور سياسي سواء لخدمة الأقلية المسلمة في أمريكا، أو لخدمة الجماعات التي تمثلها في الشرق أو الاثنين معاً، وقد تبين من البحث في خلفيات هذه المنظمات السياسية الست أن لخمسٍ منها علاقة وثيقة بالحركات السياسية الإسلامية في العالم العربي وجنوب آسيا، وبالتحديد جماعة الإخوان المسلمين والجماعة الإسلامية الباكستانية، وأنها تخلط في عملها بين أهداف تتعلق بالداخل الأمريكي، وأخرى ترمي إلى التأثير في السياسة الخارجية طبقاً لما تريده الجماعات الأم في المشرق. ومن أهم هذه المنظمات ما يلي:-

أ- المجلس الإسلامي للعلاقات العامة Muslim Public Affairs Council (MPAC)

أنشئ هذا المجلس عام 1988 بوساطة قيادات المركز الإسلامي لجنوب كاليفورنيا، الذي كان يديره أكثر قيادات المسلمين الأمريكيين ثقافة وحنكة وذكاء الدكتور حسان حتحوت، وأخوه الدكتور ماهر حتحوت، وزميلهم الدكتور الألفي الذي أوقف من ماله الخاص فيما بعد لإنشاء الكرسي الذي يشغله الدكتور خالد أبو الفضل، وقد أُطلِقَ هذا المجلس ليكون وسيلة يستطيع من خلالها المسلمون إثراء الحياة السياسية والثقافية الأمريكية[37]. ويمثل هذا المجلس النموذج الوحيد المستقل تنظيمياً وفكرياً عن الجماعات السياسية الإسلامية في الشرق، فقد حاول أن يدمج المسلمين في الحياة السياسية الأمريكية، وأن يبني جسوراً بين مجتمعات المسلمين في أمريكا وبين

37. Ibid. P.178.

مؤسسات دولتهم، ونظم العديد من الفعاليات لتحقيق هذه الأهداف، وينظر إليه عند الدارسين للمنظمات الإسلامية الأمريكية على أنه نموذج لمنظمة إسلامية تتبنى القيم الليبرالية الأمريكية، ولكن للأسف لم يحقق النجاح المتوقع لهيمنة الحزبية السياسية المرتبطة بالجماعات الإسلامية في الشرق على معظم المنظمات والفعاليات الإسلامية في أمريكا[38].

ب- المجلس الإسلامي الأمريكي American Muslim Council (AMC)

تأسس هذا المجلس في عام 1990 بوساطة بعض القيادات الأولى لجمعية الطلبة المسلمين، وكان في واجهة عملية التأسيس السيد عبدالرحمن العمودي، الإرتيري الأصل الذي قام بدور بارز لخدمة وزارة الخارجية الأمريكية في العالم العربي بعد أحداث سبتمبر 2001، ثم اتُّهِم بعد ذلك بالتآمر مع الرئيس الليبي السابق معمر القذافي لاغتيال ولي عهد المملكة العربية السعودية حينذاك الملك عبدالله بن عبدالعزيز رحمة الله عليه، ولم يزل في السجن حتى اليوم. وقد نجح هذا المجلس في استقطاب أهم العقول المسلمة في الولايات المتحدة من جميع الخلفيات مثل المرحوم الدكتور علي مزروعي عالم السياسة الكيني الأصل الأمريكي الجنسية، والدكتور روبرت كرين الأمريكي المسلم الذي عمل مستشاراً للرئيس الأمريكي الأسبق نيكسون؛ وقد كان من آثار فضيحة تآمر العمودي أن عصفت بالمجلس الإسلامي الأمريكي، وانتهى دوره عام 2009[39].

وكان هذا المجلس يهدف إلى زيادة الوعي السياسي لدى المسلمين الأمريكيين، وتشجيعهم على الانخراط في النشاط السياسي، وقد نجح نجاحاً مشهوداً في إبراز مجتمع المسلمين في الساحة السياسية الأمريكية، فلأول مرة استطاع المجلس الإسلامي الأمريكي أن يتضمن جدول افتتاح مجلس

---

38. Khan, op. cit. pp.34-35.

39. Leonard, op. cit. p. 178.

النواب دعاء إسلامياً ألقاه الداعية الأفريقي الأمريكي "سراج وهاج" في عامي 1991، و1992، ومنذ عام 1996 بدأ البيت الأبيض يدعو المسلمين للاحتفال بعيد الفطر[40].

ج- التحالف الإسلامي الأمريكي American Muslim Alliance (AMA)

أسسه أستاذ باكستاني اسمه أغا سعيد في شمال كاليفورنيا عام 1994، وكان مؤسسه يهدف إلى تحريك المسلمين في الولايات المتحدة، وتنشيطهم للمشاركة بفعالية تعطيهم الثقل المناسب في انتخابات عامي 2000 و2004، ولكن لأن المؤسس سُجِنَ بتهمة الاحتيال المالي والنصب والتزوير في أوراق الحصول على الجنسية الأمريكية؛ فقد لحق هذا المجلس بسابقه وأصبح في خبر كان[41].

د- مجلس العلاقات الإسلامية الأمريكية
Council on American-Islamic Relations (CAIR)

أنشئ في عام 1994 في منطقة واشنطن العاصمة كجماعة ضغط للتأثير في عملية صنع القرار في العاصمة الأمريكية، وللدفاع عن حقوق المسلمين والعرب، ولمواجهة جرائم العنصرية ضدهم، وقد لعب هذا المجلس دوراً متميزاً في الدفاع عن قضايا الأقلية المسلمة في أمريكا، وكان من أكثر المنظمات الإسلامية السياسية نشاطاً وتأثيراً وفعالية في مواجهة جرائم العنصرية والكراهية للإسلام والمسلمين، ما حشد له دعماً شعبياً بين المسلمين خصوصاً الشباب منهم، وأصبحت منظمة CAIR من أكثر المنظمات حرصاً على تبني قضايا المسلمين الذين يواجهون معاملة غير عادلة، أو اعتداء من المتعصبين الأمريكيين[42].

---

40. Jamal and Albana, op. cit. p. 101.

41. Leonard, op. cit. p. 178.

42. Jamal and Albana, op. cit. p. 101.

ونظراً إلى انتماء بعض العناصر الفاعلة في قيادة هذا المجلس لجماعة الإخوان المسلمين فقد استُخدِمَ هذا الرصيد الداخلي من الشرعية المجتمعية لدى المجتمع المسلم في الولايات المتحدة لدعم الجماعة في المشرق العربي، والدفاع عنها، ومحاولة ممارسة دور جماعة الضغط للتأثير في السياسة الخارجية في العالم العربي لمصلحة "الإخوان"، وهذا الذي أعطى مجلس العلاقات الإسلامية الأمريكية دوراً مزدوجاً وجعله منظمة ذات وجهين، وتحمل أجندتين، فهي في الداخل الأمريكي تدافع عن المسلمين وتمثل حائط صد لهم أمام كل مظاهر الإسلاموفوبيا، وفي الخارج هي منظمة إخوانية تحمل أجندة الإخوان بكل قوة وصرامة؛ والحقيقة أن من هم في الداخل الأمريكي قد لا يعرفون الوجه الخارجي لمنظمة CAIR، ومن هم في الخارج لا يعلمون كثيراً عن الدور المهم لهذه المنظمة.

وستظل هذه المنظمة تعاني هذه الازدواجية طالما ظل بعض عناصر الإخوان في قيادتها، والحقيقة أن الأجيال الشابة المنتمية لمنظمة CAIR من المسلمين الأمريكيين من الجيلين الثاني والثالث سوف تتخلص قريباً جداً من هذه الازدواجية، وتحافظ على النجاحات الداخلية، وتتخلص من التصادم مع الدول العربية، وخلق عداءات غير مبررة معها. وقد بدأت هذه المنظمة خطوات الاندماج في المجتمع الأمريكي فقامت أخيراً بتعيين يهودي أمريكي مديراً تنفيذياً لأحد أفرعها الرئيسية[43].

هـ- مجلس التنسيق السياسي للمسلمين الأمريكيين
American Muslim Political Coordination Council (AMPCC)

أنشئ عام 1998 للتنسيق بين مجموعة من المنظمات السياسية الإسلامية، وقد أُسِّسَ اقتداء بمجالس التنسيق بين المنظمات اليهودية، وينضوي تحت هذا المجلس كل من: التحالف الإسلامي الأمريكي، والمجلس الإسلامي

43. Khan, op. cit. p. 37.

الأمريكي، والمجلس الإسلامي للعلاقات العامة، وأخيراً مجلس العلاقات الإسلامية الأمريكية[44].

و- مجموعة عمل المسلمين الأمريكيين
American Muslim Taskforce (AMT)

أُسِّسَت عام 2004 كمجلس للتنسيق بين المنظمات الإسلامية ذات الخلفية، أو الارتباط، أو التعاطف مع تنظيم الإخوان، وهذا المجلس مثل سابقه تنحصر مهمته في التنسيق بين المنظمات المنضوية تحته[45].

من خلال هذه الخريطة للمنظمات الإسلامية في أمريكا تظهر مسارات الرحلة التي استمرت على مدى ما يزيد عن نصف القرن، مرت خلالها بمراحل وتطورات فرضتها تغيرات الواقع، وتحولات تركيبة الجاليات المسلمة على الأرض الأمريكية، التي لم يكن لديها عام 1915 إلا مسجداً واحداً بناه المسلمون الألبان في أقصى الشمال الشرقي للولايات المتحدة، وبعد قرن من الزمان في عام 2011 كان هناك 2106 مسجداً[46]. كذلك بدأت فكرة العمل المؤسسي بمنظمة واحدة منتمية لجماعة الإخوان المسلمين والجماعة الإسلامية في باكستان، وانتهت بطيف واسع من المنظمات شهدت تحولات كبرى داخل كل واحدة منها، انتهت بها إلى مزيد من الانشغال بالواقع الأمريكي، ومزيد من الابتعاد عن هموم المشرق العربي والإسلامي، ومزيد من الواقعية والبراجماتية، ومزيد من الابتعاد عن أيديولوجية المؤسسين المهاجرين الحاملين لكل إشكاليات الشرق ومشاكله، وظهور أجيال جديدة ولدت على الأرض الأمريكية وليس للشرق في مخيلتها مكان يستحق العناء والانشغال.

---

44. Leonard, op. cit. p. 179

45. Ibid, p.179.

46. Hussain, op. cit. pp. 85-86.

ثالثاً: التحولات في الهوية وانعكاساتها السياسية

بعد أن تم تحليل التطور المؤسسي للمنظمات الإسلامية في أمريكا، وكيف توالدت مثل "الماتريوشكا"، الروسية واحدة من رحم الأخرى؛ استجابة لظروف الواقع، واحتياجات مؤسسيها وأهدافهم، والقوى الاجتماعية والسياسية التي تقف خلفهم، وتساندهم تمويلياً ومجتمعياً، فسوف يُركِّز هذا الجزء على التحولات الداخلية في المنظمات الإسلامية الأمريكية؛ وذلك لأن الجزء السابق كان تحليلاً خارجياً لتطور هذه المؤسسات، وهذا الجزء يتناول الأبعاد الداخلية، وهنا نجد أنفسنا أمام ثلاث لحظات تاريخية فارقة؛ جعلت الإسلام والمسلمين في مركز اهتمام المجتمع الأمريكي[47]، ومن ثم فرضت تحديات كبرى أحدثت تحولات أساسية في بنية وهيكل وأهداف وطريقة عمل هذه المنظمات، هذه اللحظات الكبرى الفارقة هي:

1. الثورة الإيرانية عام 1979، وما تبعها من تحولات في المنطقة العربية مثل صعود حركة الصحوة في منطقة الخليج خصوصاً في المملكة العربية السعودية، وما صاحبها من خروج للمؤسسات الإسلامية السعودية للعمل في الغرب، وهذا بدوره أدى بداية إلى تضخم التدفقات المالية السخية من التجار والأثرياء في دول الخليج العربي إلى المنظمات الإسلامية في الغرب خصوصاً الولايات المتحدة الأمريكية، الأمر الذي ساعد على اشتعال طموحات الانتهازيين المنتمين للحركات السياسية الإسلامية لاستغلال ظاهرة السخاء المالي، ومن ثم الحرص على إنشاء منظمات جديدة، ومراكز إسلامية جديدة...إلخ، وتأسيساً على ذلك أصبح هناك متفرغون لجمع التبرعات يحصلون لأنفسهم على خمس ما يجمعون. بعبارة موجزة تحول العمل الإسلامي في الغرب إلى خليط

47. Unus, op. cit. p. 348.

ما بين الدعوة والسياسة والتجارة والربح للعديد من الناشطين في جماعة الإخوان والجماعة الإسلامية الباكستانية وغيرهما.

وعلى الجانب الآخر، كان من آثار الثورة الإيرانية، وأزمة الرهائن الأمريكيين زيادة الاهتمام بالإسلام في الولايات المتحدة، ويكفي أن نعرف أن دعوة الخميني أمريكا "للتوبة" أشعلت نقاشاً في الجامعات، ومراكز البحوث حول المقصود بالتوبة. ومن هنا اعتنق الإسلام كثير من البيض، ودخلوا في المنظمات الإسلامية الأمريكية، وتحول الكثير من السود بعد وفاة مؤسس منظمة "أمة الإسلام" the Nation of Islam، "أليجا محمد" على يد ابنه "وارث الدين محمد" إلى الإسلام السني، وتخلوا عن عقيدتهم البعيدة عن ذلك، ومن ثم صاروا كذلك أعضاء في تلك المنظمات التي كان يسيطر عليها أعضاء تنظيم الإخوان والجماعة الإسلامية الباكستانية.

كل ذلك أحدث تغييراً جوهرياً في بنية هذه المنظمات، وفي أهدافها واستراتيجياتها، ودفعها تدريجياً إلى الاهتمام بالداخل الأمريكي على حساب التبعية الكاملة للخارج، والانشغال بقضايا المجتمع الأمريكي على حساب قضايا الشرق، وصارت مسألة قيادة هذه المنظمات تواجه صعوبة في الاستمرار على نهجها القديم، أو حتى الاستمرار في القيادة ذاتها؛ دون القبول بقدر من الديمقراطية والتنوع والتعدد العرقي داخل البنية المؤسسية لهذه المنظمات.

ومن هنا بدأت المنظمات الإسلامية في أمريكا تتحول تدريجياً إلى مركز جذب لمكونات ثلاثة هي: العرب، والمسلمون الأفارقة، والمسلمون من جنوب آسيا، وهذا بدوره أدى إلى إضعاف التبعية المطلقة للجماعات الأم في الشرق سواء تنظيم الإخوان، أو الجماعة الإسلامية الباكستانية.

2. احتلال العراق للكويت وما تبعه من حرب الخليج الثانية1991 ، فقد مثلت هذه اللحظة التاريخية زلزالاً عصف بالمنظمات الإسلامية في أمريكا، فقد تصادمت المواقف السياسية مع المصالح الاقتصادية، ولأول مرة تحدث انقسامات حادة جداً في المجتمع المسلم في أمريكا، وفي المنظمات التي تمثله، فقد ارتبك مع ارتباك موقف الإخوان من الغزو والتحرير، فقد رفض تنظيم الإخوان احتلال العراق للكويت، وفي الوقت نفسه رفض الاستعانة بقوى غربية لتحرير الكويت، وهذا الموقف من تنظيم الإخوان تلوَّن بالانتماءات الوطنية، فإخوان الأردن وفلسطين كانوا أكثر ميلاً للعراق مجاملة لقيادتهم، والعكس في مصر...وهكذا.

هنا انقسم المسلمون في أمريكا، وتشتت قواهم، ولم يعودوا يصلُّون صلاة الجماعة معاً خصوصاً في الجامعات، حيث كانت هناك صلاة جمعة لمن ناصروا الكويت وعملية التحرير، وأخرى لمن وقفوا مع العراق، وكان هذا بداية إدراك لخطورة الارتباط بالشرق، ومشاكله على وحدة المسلمين في أمريكا وعلى منظماتهم، وبدأت ترتفع الأصوات خصوصاً من الجيل الثاني، ومن المسلمين الأمريكيين الأفارقة والبيض كذلك، أنه يجب أن يكون المسلمون الأمريكيون مواطنين أمريكيين، وليسوا تابعين لأوطانهم السابقة وقيادات جماعاتهم الدينية هناك.

وقد انعكس هذا الأمر على توجهات المنظمات الإسلامية الأمريكية، وعلى قياداتها، وعلى أجندتها المجتمعية والسياسية، فمن ناحية فقدت الكثير منها مصادر متعددة للتمويل كانت تأتي من المشرق العربي، وذلك لفقدانها أكثر المجتمعات سخاءً في التبرع في دول مجلس التعاون لدول الخليج العربية، ومن ناحية ثانية ساد الشعور بخطورة التبعية للجماعات الإسلامية في العالم العربي وجنوب آسيا، لأنها تتخذ مواقف سياسية عاطفية؛ لا تعتمد على حسابات دقيقة، وينتهي الأمر

على عكس ما تريد، وتكون خسائرها الواقعية أكثر بكثير من مكاسبها المتوهمة، ومن ناحية ثالثة أدركت الأجيال الشابة، والمسلمون ذوي الأصول الأمريكية أن هذه المنظمات التابعة لحركات سياسية في الشرق تقودهم للتحرك ضد مصالح ومواقف الولايات المتحدة، فقد كان موقف كل تلك الجماعات في الشرق وامتداداتها في المنظمات الإسلامية الأمريكية ضد الولايات المتحدة التي تدخلت في حرب الخليج الثانية لتحقيق مصالحها القومية.

هنا بدأت القيادات التقليدية للمنظمات الإسلامية الأمريكية –صاحبة فكرة التنظيم منذ أوائل الستينيات- تفقد تفردها بقيادة كل تلك الشبكة من المنظمات، وبدأت تدرك أنه لابد من فتح المجال أمام قيادات شابة؛ من أبناء الجيل الثاني والثالث من المهاجرين المسلمين، أو من المسلمين ذوي الأصول الأمريكية من البيض والأفارقة على السواء، وهنا بدأت هذه المنظمات تشق طريقها نحو التوطين في الولايات المتحدة، وتتحول من منظمات لخدمة المهاجرين، إلى منظمات مجتمع مدني أمريكي بمعنى محدود وضيق، وهنا بدأ ظهور المنظمات السياسية التي تم تناولها في السياق السابق.

3. أحداث سبتمبر 2001، فقد مثلت هذه الكارثة العبثية لحظة تاريخية فارقة في تطور المنظمات الإسلامية في أمريكا؛ بصورة تجعل ما بعدها مختلفاً جذرياً عما قبلها، فقد جاءت نتائج هذه الأحداث لتدفع كل تلك المنظمات إلى التبرؤ من الانتماء للشرق، ولجماعاته المختلفة في العلن، وإن ظل بعضها يتبع الجماعات الأم في السر والخفاء، فقد حرصت جميع المنظمات الإسلامية على الأرض الأمريكية أن تؤكد أنها منظمات أمريكية وطنية، وأنها لا تعبر عن تلك الجماعات العنيفة في الشرق، وأنها تنتمي إلى الإسلام الوسطي الصحيح البعيد عن العنف والتطرف والغلو.....إلخ. كذلك حرصت هذه المنظمات على تأكيد أنها وطنية

أمريكية تحرص على مصالح الولايات المتحدة، وتعمل على تحقيقها، وأن الانتماء الأكبر بالنسبة إليها هو الانتماء الأمريكي، وليس أي انتماء آخر قبله أو بعده.

والحقيقة أن المنتمين لتنظيم الإخوان المسلمين ظلوا محافظين على تبعيتهم له لأن الولايات المتحدة الأمريكية بعد أحداث سبتمبر 2001 تبنت هذا التنظيم، وكذلك الجماعات الصوفية؛ واعتبرتهما نصيراً لها في مواجهة التطرف الديني العنيف، وذلك اتباعاً لاستراتيجية هنري كيسنجر وزير الخارجية الأمريكي الأسبق؛ الذي قدم نظرية استخدام الشيوعي الجيد لتخليص أمريكا من الشيوعي الرديء، ومن ثم أرادت الإدارة الأمريكية توظيف المسلم الجيد ليخلصها من المسلم الرديء، وكان المسلم الجيد حينذاك هو المسلم الإخواني والصوفي، وذلك لأن الصوفية مسالمة، ولأن الإخوان – طبقاً لهذه الرؤية- يؤمنون بالقيم الغربية الأساسية وهي الديمقراطية وحقوق الإنسان وتمكين المرأة[48].

وقد فتح هذا التطور الباب على مصراعيه لظهور قيادات جديدة للمنظمات الإسلامية الأمريكية من جانب، وحدوث تغيير جذري في علاقاتها مع المشرق من جانب آخر، إذ بدأ يقل الاعتماد على دعاة ومحاضرين ومفكرين من المشرق، فبعد أن كان الدكتور يوسف القرضاوي ضيف كل مؤتمر وملتقى في معظم هذه المنظمات، لم يعد مقبولاً أن تتم دعوته، وحدث تغير جذري في الأجندة الفكرية والثقافية لهذه المنظمات، فلم تعد قضية فلسطين وقضية كشمير هي محور كل ملتقى، بل صارت هناك قضايا داخلية أمريكية أكثر أهمية وجاذبية للأجيال الجديدة.

48. David E. Kaplan, Hearts, "Minds, And Dollars: In an Unseen Front in the War on Terrorism, America is Spending Millions ... To Change the Very Face of Islam", US News & World Report, 25th April, 2005.

وعلى المستوى العملي بدأت هذه المنظمات الانخراط في نشاطات الحوار الديني، والتعاون مع الأديان الأخرى المسيحية بكل طوائفها، واليهودية لتنفيذ برامج اجتماعية في المدن والأحياء المشتركة، وفتحت معابد اليهود للمسلمين لأداء صلاة الجمعة وكذلك الكنائس.

وعلى الرغم من ذلك ظلت بعض المنظمات المحدودة خصوصاً CAIR، وICNA، وMAS، محافظة على بعض من أجندتها السابقة اعتماداً على الموقف الإيجابي من الإدارة الأمريكية تجاه التنظيم العالمي للإخوان.

ومن خلال رصد التطور التاريخي لتطور هوية وانتماء المسلمين المهاجرين إلى الولايات المتحدة، ومن ثم تطور أجندة المنظمات التي تعبر عنهم وأهدافها، ونشاطاتها السياسية والحزبية، يمكن رصد مراحل أربع مر بها المجتمع المسلم في الولايات المتحدة والمنظمات التي تعبر عنه هي:

1. مرحلة المسلم الغريب في المكان والزمان؛ بسبب الانتماء المطلق للشرق بدوله ومجتمعاته، وهمومه، وصراعاته، ونقل كل صراعات الدولة الأم في المشرق إلى البيئة الأمريكية، فقد عاش المسلمون المهاجرون إلى أمريكا عقوداً قبل حرب الخليج الثانية، وكأنهم لم يلامسوا أرض أمريكا، فهم في بلادهم، يعيشون همومها ومشاكلها وصراعاتها وأزماتها، ويختلفون فيما بينهم حول ذلك، وينقسمون على ذلك، وكأنهم لم يأخذوا من البيئة الأمريكية التي يعيشون فيها إلا الطعام والشراب. ظل هذا الحال حتى حرب الخليج الثانية التي مزقت المجتمع المسلم في أمريكا، وأظهرت مدى قبح وخطورة تلك الغربة المعنوية، وكيف أنهم قد تمزقوا بسبب تبعيتهم لمواقف وخيارات سياسية بعيدة عنهم، وعن همومهم ومشاكلهم؛ لذلك كان من الضروري الانتقال للمرحلة التالية.

2. مرحلة المسلم اللامنتمي؛ الذي فقد الانتماء للشرق، ولم يستطع أن يكتسب الولاء الكامل للمجتمع الأمريكي، فدولته الأم يحكمها فرعون، وأمريكا تتحكم فيها الجماعات الصهيونية، والأصولية المسيحية، والمسلم حائر بين الاثنين، يصب جام غضبه عليهما معاً، لا يعرف أيهما أقرب إلى ما يريد، ولأي منهما يكون الولاء والانتماء. حيرة سيطرت على الأفراد والمنظمات على السواء.

3. مرحلة التبرؤ من الشرق وخلع عباءته بعد أحداث سبتمبر 2001، فقد صار الشرق يهدد مصالح المسلم الأمريكي، وينزع شرعية الوجود عن المنظمات الإسلامية الأمريكية، ويضع مستقبل قياداتها، ومصالحهم على المحك، لذلك سارع الجميع إلى التبرؤ من الشرق وكل ما يمثله، إلا المندرجين رسمياً في هيكل التنظيم العالمي للإخوان؛ الذين كانوا يرون تطابقاً بين مصالح الإخوان ومصالح الحكومة الأمريكية، فقد ظل هؤلاء على تواصل مع حركتهم في المشرق، وإن حافظوا على الخطاب نفسه الذي يتبرأ من كل الجماعات التي ترفضها الإدارة الأمريكية.

4. مرحلة التكيف والاندماج في المجتمع الأمريكي. فمع نضوج الجيل الثاني من المهاجرين المسلمين إلى الولايات المتحدة؛ برزت حالة الاندماج التلقائي في الحياة الأمريكية؛ عند أجيال لم يعرفوا غير هذه الحياة، فقد تربوا فيها، ونشأوا في مدارسها وجامعاتها، وليس لهم تجربة حياتية خارجها. هنا انتهت حالة التمزق بين عالمين التي عاشها جيل الآباء، وبدأت تبرز قيادات جديدة للمنظمات الإسلامية؛ تفرض رؤية جديدة تقوم على وجود محيط اجتماعي واحد للفعالية الاجتماعية والسياسية، وما عداه عالم خارجي بكل معنى الكلمة، قد يكون هناك تعاطف مع مشاكله ومآسيه من منطلق القيم الأمريكية العامة، والدينية العامة كذلك، ولكن ليس من منطلق الانتماء والولاء ونصرة الأخ ظالماً أو مظلوماً كما كان يفكر ويفعل جيل الآباء.

ومن أكثر مؤشرات الاندماج عند الجيل الثاني التصويت في الانتخابات بكل مستوياتها، والترشح لشغل مواقع تشريعية على مستوى المحليات والولايات والكونجرس، والخدمة في الجيش الأمريكي، والالتحاق بقوات الشرطة الأمريكية، وتركيز العمل الخيري والتبرعات على الأزمات الداخلية في مختلف الولايات، والانخراط في نشاطات مشتركة مع أصحاب الديانات الأخرى، وأخيراً هيمنة الهوية الثقافية الأمريكية على الأجيال الشابة من حيث الفنون والأزياء.... إلخ.

أربعة تحولات كبرى مرت بها المنظمات الإسلامية الأمريكية، تحكمت فيها عوامل ومتغيرات محلية ممثلة في: تطور بنية وهيكل الأقلية المسلمة في الولايات المتحدة، والتطورات والتغيرات الفكرية والثقافية بين الأجيال من جانب، ومواقف المجتمع الأمريكي من الإسلام والمسلمين، وأوضاع وتطورات دول المشرق التي جاء منها المهاجرون. وقادت هذه التحولات جميعها إلى دفع المنظمات الإسلامية الأمريكية إلى فك الارتباط التدريجي مع المشرق بقضاياه وقياداته ومفكريه ورموزه تدريجياً، والسعي إلى توطين الظاهرة الإسلامية في الأرض الأمريكية بمحاولات ناجحة ومتطورة بصورة عامة، لا تعرقلها إلا بعض الشخصيات التي تنتمي للتنظيم العالمي للإخوان، والتي ينحصر دورها في وظائف إدارية مثل حالة CAIR، أو وظائف قيادية في منظمات متوسطة الحجم ضئيلة التأثير مثل MAS.

ولعل المتابع لكل تحركات الإخوان في الولايات المتحدة بعد عزل الدكتور محمد مرسي يجد أن كل النشاطات المدافعة عن حكم مرسي قام بها أعضاء الجماعة من خارج أمريكا، وتوقف دور أعضاؤها من داخل المنظمات الإسلامية في أمريكا عند الدفاع عن القضايا العامة التي يؤمن بها المجتمع الأمريكي مثل: الديمقراطية وحقوق الإنسان في مصر أو في غيرها...إلخ.

خاتمة

نهاية الأيديولوجيا وتراجع التأثير الخارجي

على مدى أكثر من نصف قرن سارت المنظمات الإسلامية الأمريكية في طريق طويل متعرج، أعاقها عن ترسيخ جذورها في المجتمع الأمريكي، وخدمة قضايا المسلمين الأمريكيين؛ الذين من المفترض أن تعبر عنهم، وتحمل همومهم وقضاياهم، فقد تكبلت معظم هذه المنظمات، إن لم يكن جميعها بارتباطات حزبية وسياسية خارجية، حولتها إلى أدوات لخدمة مصالح وأهداف جماعات سياسية في الشرق، وظفتها في صراعاتها السياسية مع الدول التي توجد تلك الجماعات فيها، وللأسف لم يحقق أيّاً منهما أهدافه، فلا الجماعة الأم نجحت في تحقيق ما كانت تصبو إليه، في دولها في المشرق، من خلال استخدام تابعيها في المنظمات الإسلامية الأمريكية، ولا الأخيرة استطاعت أن تخدم مجتمعها الأمريكي المسلم بالصورة الصحيحة والواجبة.

وقد احتاج الأمر جيلاً كاملاً لكي يتم التصحيح، وتدرك المنظمات الإسلامية الأمريكية أنها وجدت فقط لخدمة مجتمعها الأمريكي المسلم، وتسهم في المجتمع الأمريكي العام، وليس لخدمة أجندات خارجية، وجماعات تبعد عنها آلاف الأميال. وقد أسهمت ثلاثة عوامل أساسية في تحقيق هذا التحول الجوهري في الأهداف والأفكار والارتباطات؛ ما جعل المنظمات الإسلامية الأمريكية تتحرر من التبعية الخارجية وتنشغل بهموم مجتمعها وأعضاؤها، وهذه العوامل هي:

- الأحداث الدولية الكبرى خصوصاً أحداث سبتمبر 2001، وما تلاها من حروب في أفغانستان والعراق، دفعت المسلمين الأمريكيين ومنظماتهم إلى إظهار ولاءهم للدولة والمجتمع والجيش الأمريكي والتبرؤ من كل ولاء آخر.

- توقف التمويل الخارجي بسبب ما صدر من قوانين تنظم التبرعات في دول الخليج العربي؛ التي كانت تقوم بالدور الأساسي في تمويل كل النشاطات الإسلامية في أمريكا، ومن خلال التغييرات التي حدثت في القوانين الأمريكية التي أصبحت تفرض رقابة صارمة على تدفق الأموال من الولايات المتحدة الأمريكية وإليها.

- ظهور جيل جديد من أبناء المهاجرين المسلمين في أمريكا، ولد ونشأ وتعلم في أمريكا، ولا تربطه بالشرق إلا الحكايات المؤلمة، والقصص التي تشعرهم بالشقاء والتعاسة.

بتضافر هذه العوامل الثلاثة حدثت تحولات جذرية في المنظمات الإسلامية في أمريكا؛ كان من نتيجتها فك ارتباطها بالخارج سياسياً وتمويلياً، وتركيزها على قضايا الداخل، ومشاكل المجتمع الأمريكي العام، ومجتمعات المسلمين بصورة خاصة.

وعلى الرغم من ذلك ظلت بعض المنظمات لديها بعض الارتباط بالخارج لأسباب شخصية تتعلق بالقيادات المنتخبة، أو الإدارية التي تدير شؤونها، ويمكن حصر ذلك في منظمتين هما CAIR، وMAS، فالأولى تركز جهودها على الدفاع عن المسلمين الذين يقع عليهم اضطهاد، أو ظلم في داخل الولايات المتحدة، وقد حققت نجاحاً مشهوداً في ذلك، ولكن نظراً إلى ارتباط مديرها بتنظيم الإخوان، وحركات المقاومة الفلسطينية فقد استغل نجاحات CAIR في الداخل الأمريكي، وسمعتها الطيبة لدى جميع الجاليات المسلمة والعربية؛ لتحقيق مكاسب لجماعته -جماعة الإخوان- من خلال تصريحات يدلي بها لوسائل الإعلام العربية خصوصاً قناة الجزيرة، ونظراً إلى أن التصريحات بالعربية فلن يلتفت إليها أحد من جمهور CAIR الأمريكي، أحدث ذلك إرباكاً في صورة هذه المنظمة في العالم العربي، وجرها وراءه للمواجهة مع العديد من الدول العربية.

والمنظمة الثانية MAS يقودها من يتولى شؤون جماعة الإخوان في أمريكا، ولذلك جعلها أسيرة لهذه الجماعة قاصرة عليها، ومن ثم جعل دورها هامشياً؛ يقتصر على الأدوار القديمة للمنظمات الإسلامية في أمريكا، وهي المحافظة على انتماء الأعضاء، وتدنيهم وارتباطهم بتنظيم الإخوان.

ومن خلال استقراء حالة المنظمات الإسلامية في الولايات المتحدة نخلص إلى أن توطين هذه المنظمات- بمعنى أن تكون أمريكية خالصة تخدم المسلمين الأمريكيين وتحافظ على قيمهم ودينهم في السياق الاجتماعي الأمريكي بصورة تنتج نسخة إسلامية أمريكية كما أن هناك نسخة إسلامية إندونيسية، وأخرى شيشانية، وثالثة بوسنية...إلخ- يحتاج إلى توافر شرطين أساسيين هما:

- قيادات مسلمة أمريكية، نشأت في المجتمع الأمريكي ولا علاقة لها بالارتباطات الخارجية، وليست مرتبطة بجماعات سياسية، لأن أكثر ما يعيق عمل المنظمات الإسلامية في أمريكا هو محاولة توظيف دورها في أمريكا لمصلحة جماعات سياسية تخوض صراعاً سياسياً في دول أخرى.

- التمويل الذاتي لجميع الأنشطة والفعاليات، والتوقف عن التمويل الخارجي الذي يرتهن هذ المنظمات ومجتمعاتها لأجندات خارجية، ومن ثم يجعلها مرتهنة لقيادات تملك مفاتيح التمويل، فتتحول المنظمة إلى ملكية خاصة لمن يملك مصادر التمويل.

وأخيراً فإن مواجهة المنظمات التي تخرج عن الدور المحدد لها في نظامها الأساسي، وفي القانون الأمريكي الذي رخَّص وجودها، والتي تحاول التدخل في الشؤون الداخلية للدول العربية والإسلامية يجب أن تتم في الداخل الأمريكي، وليس خارجه، لأن منظمة CAIR على سبيل المثال، استطاعت أن تستفيد من رد الفعل الذي جاء من بعض الدول العربية ضد تدخلاتها لمناصرة تنظيم الإخوان في صراعه على السلطة مع الدولة المصرية،

فوظفته على أنه جزء من حملة الإسلاموفوبيا ضدها؛ التي تأتي من اليمين الأمريكي المتطرف، وعزت ذلك إلى تأثير هذا التيار المحافظ في الإدارة الأمريكية على الدول العربية.

قائمة المراجع

1. Ali M. M., “Thirty Thousand Attend ISNA’s annual Convention”, *Washington Report on Middle East Affairs*, Vol. 28, Issue 7, Sep/Oct 2009.

2. Amir Hussain, Muslims and the Making of America (Texas: Baylor University Press, 2016)

3. Beth Dufresne, “A View from the Edge: Ingrid Mattson, the Face of American Islam”, *Commonweal*, February 22, 2013.

4. Claude Andrew Clegg, An original man: The life and times of Elijah Muhammad, (New York: Macmillan, 1998).

5. David E. Kaplan, Hearts, "Minds, And Dollars: In an Unseen Front in the War on Terrorism, America is Spending Millions ...To Change the Very Face of Islam", *US News & World Report*, .25th April, 2005.

6. Erdmann Doane Beynon, "The Voodoo Cult among Negro migrants in Detroit", *American Journal of sociology*, 1938, Vol. 43, No.6.

7. F. Abdat, "Before the Fez-Life and Times of Drew Ali", *Journal of Race Ethnicity and Religion*, Vol 5, No 8, August 2014.

8. “Federation of Islamic association” In: *The Oxford Dictionary of Islam., edited by John Esposito. Oxford Islamic Studies Online,* http://www.*oxfordislamicstudies.com/article/opr/t125/e650.9*

9. Geneive Abdo, Mecca and Main Street: Muslim life in America after 9/11(New York: Oxford University Press, 2006)

10. George W. Braswell Jr., What You Need to Know About Islam and Muslim (Nashville, Tennessee: B&H Publishing Group, 2000)

11. http://library.uwb.edu/Static/USimmigration/1965_immigration_and_nationality_act.html

12. https://www.gpo.gov/fdsys/pkg/STATUTE-79/pdf/STATUTE-79-Pg911.pdf.

13. https://www.history.com/topics/us-immigration-since-1965.

14. https://www.migrationpolicy.org/article/geopolitical-origins-us-immigration-act-1965,

15. Ilyas Ba-Yunus, Muslims in North America: Problems and Prospects (MSA: 1974)

16. Iqbal J. Unus, "Governance in Muslim Community Organizations", In: Zahid H. Bukhari, ed., Muslims' Place in the American Public Square (Lanham, MD: Altiqmira Press, 2004)

17. John Y. Fenton, Transplanting Religious Traditions: Asian Indian in America (Westport CT: PRAEGER, 1988.

18. Juliane Hammer and Omid Safi, Eds., The Cambridge Companion to American Islam (New York: Cambridge University Press, 2013

19. Kambiz Ghaneabassiri, A History of Islam in America: From the New World to the New World Order (New York: Cambridge University Press, 2010)

20. Leila Ahmed, A Quiet Revolution: The Veil's Resurgence, from the Middle East to America (New Haven: Yale University, 2011)

21. M. A. Muqtedar Khan, "Political Muslims in America: From Islamism to Exceptionalism", *Middle East Policy*, Vol. XXII, NO. 1, Spring 2015.

22. Mary Douglas, How Institutions Think, (New York: Syracuse University Press, 1986).

23. Michael A. Gomez, Black Crescent: The Experience and Legacy of African Muslims in the Americas, (New York: Cambridge University Press, 2005).

24. Mohamed Nimer, The North American Muslim Resource Guide (New York: Routledge, 2002.

25. Paul M. Barrett, American Muslims: The Struggle for the Soul of a Religion (New York: Farrar Straus, 2007)

26. Richard Brent Turner, "From Elijah Poole to Elijah Muhammad", *American Visions*, October–November 1997.

27. Yvonne Yazbeck Haddad, ed., The Muslims of America (New York: Oxford University Press, 1991).

نبذة عن المؤلف

عمل الدكتور نصر محمد عارف أستاذاً للعلوم السياسية في جامعات القاهرة، وجورج تاون، وعميداً لمعهد دراسات العالم الإسلامي في جامعة زايد في الإمارات العربية المتحدة.

وقد نشر الدكتور العديد من الكتب والدراسات في موضوعات: التنمية السياسية، والنظم السياسية المقارنة، والفكر السياسي الإسلامي، والحركات السياسية الإسلامية، والأوقاف، ومناهج التعليم. كما تُرجمت بعض كتبه إلى الإنجليزية، والإسبانية، والفارسية، والأوردية، والمجرية، والكردية.